Extrait des *Mémoires de la Société de l'histoire de Paris et de l'Ile-de-France* (t. XI, 1884).

LA MAISON DES POCQUELINS

ET

LA MAISON DE REGNARD

AUX PILIERS DES HALLES

1633-1884.

PREMIÈRE PARTIE.

I.

Il est bien établi que Molière naquit le 15 janvier 1622, dans une maison, dite du Pavillon, située au coin de la rue Saint-Honoré et de la rue des Vieilles-Étuves, aujourd'hui rue Sauval, et qui, démolie vers la fin du siècle dernier, est représentée en partie par la maison qui porte actuellement le n° 2 sur cette dernière rue. Une plaque commémorative, posée le 26 octobre 1876 par les soins du Cercle de la critique musicale et dramatique, énumère les titres authentiques qui fixent définitivement le lieu natal de notre grand poète comique.

Cependant, à deux pas de là, à la jonction de la rue Saint-Honoré et de la rue du Pont-Neuf, on voit dans une niche creusée à l'entresol d'une maison moderne numérotée 31, sur la rue du Pont-Neuf (laquelle suit approximativement, du côté de la rue Saint-Honoré, le tracé initial de l'ancienne rue de la Tonnellerie), un buste de Molière, qu'accompagne cette inscription doublement erronée :

J.-B. POQUELIN DE MOLIÈRE.

CETTE MAISON A ÉTÉ BATIE SUR L'EMPLACEMENT DE CELLE OU IL NAQUIT L'AN 1620.

LA MAISON

DES POCQUELINS

ET

LA MAISON DE REGNARD

AUX PILIERS DES HALLES

1633-1884

PAR

A·UGUSTE VITU

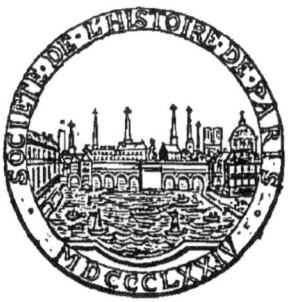

·PARIS
1885

LA MAISON DES POCQUELINS

ET

LA MAISON DE REGNARD
AUX PILIERS DES HALLES

1633-1884

Le buste et l'inscription primitives, qui existaient en effet sur la maison de la rue de la Tonnellerie, n° 3, ne remontaient qu'au 28 janvier 1799. Ce jour-là, Alexandre Lenoir, souvent mieux informé, fit placer un buste de Molière, par ou d'après Houdon, au n° 3 de la rue de la Tonnellerie, au-dessus de la boutique d'un fripier qui professait un culte fervent pour la mémoire du grand comique. Cet homme, sur la foi de Voltaire, croyait que Pocquelin le père avait été fripier, et il honorait sa corporation en la personne de Molière.

Comment Alexandre Lenoir, au même moment qu'il recueillait pieusement le fameux poteau des Singes, provenant de la véritable maison natale, fut-il amené à tomber dans l'erreur que je vais achever de réfuter dans cette étude sommaire? Je n'ai là-dessus qu'une conjecture, mais elle me paraît suffisamment plausible.

Les premiers biographes de Molière, La Grange, Adrien Baillet, Charles Perrault, partageant le dédain de leurs contemporains pour les menus détails biographiques, demeurent muets sur la naissance et l'enfance de Molière.

Il faut aller jusqu'à l'ouvrage de Grimarest pour rencontrer la première indication en ce genre. La voici : « M. de Molière se « nommoit Jean-Baptiste Pocquelin ; il estoit fils et petit-fils de « Tapissiers, Valets de chambre du Roy Louis XIII. Ils avoient « leur boutique sous les pilliers des Halles, dans une maison qui « leur appartenoit en propre. Sa mère s'appelloit Boudet ; elle « etoit aussi fille d'un Tapissier, établi sous les mêmes piliers « des Halles. »

Grimarest n'est pas ici beaucoup plus exact qu'à l'ordinaire ; cependant il le faut lire avec quelque attention. Il dit que les Pocquelins avaient leur boutique sous les piliers des Halles, ce qui fut vrai pendant quarante années de la vie de Molière, mais il ne dit pas que Molière y soit né. Il sait que la maison leur appartenait en propre ; c'est encore vrai. Il prend la belle-sœur de Molière pour sa mère, et le mari de Marie-Madeleine Pocquelin, femme Boudet, pour le père de sa propre femme ; mais il indique correctement leur domicile. Tout cela est un mélange de vrai et de faux, comme il arrive aux écrivains peu attentifs ou peu scrupuleux, qui recueillent sans les vérifier des traditions orales, ou qui les embrouillent eux-mêmes, faute de mémoire ou de soins.

Ceci est la filière qui nous conduit à la fausse attribution de la maison natale. Il ne se pouvait pas que les traditions de la rue Saint-Honoré eussent oublié le nom de Molière. Elle apparaît, en effet, cette rue Saint-Honoré, dans le mémoire biographique et critique placé par Bruzen de la Martinière en tête de l'édition d'Amsterdam : « On prétend, » y est-il dit, « que la maison où « naquit Molière est la troisième en entrant par la rue Saint-« Honoré. » Ce n'était pas encore tout à fait la rue Saint-Honoré, mais on s'en rapprochait, on brûlait, comme disent les petits enfants. Tous les hommes d'étude et de réflexion qui se sont voués à la recherche et à la restitution de nos antiquités nationales ont dû remarquer avec quelle difficulté et quelle peine secrète l'esprit humain se détache d'une vieille erreur. On biaise avec la vérité ; on invente, au besoin, mille romans pour étayer un mensonge prêt à tomber en ruines. De là, l'extraordinaire résistance et l'incrédulité persistante que rencontrent, dans l'opinion publique, des rectifications beaucoup plus importantes que celle que je poursuis ici.

Il dut se trouver, vers la fin du XVIIIe siècle, un homme de bonne volonté et de bonne foi, peut-être Alexandre Lenoir lui-même, qui, ne se pouvant décider à choisir entre deux maisons natales pour Molière, l'une rue Saint-Honoré, l'autre aux piliers des Halles, essaya de les concilier, ou plutôt de les fondre en une seule. La maison n° 3 de la rue de la Tonnellerie passait ou pouvait passer derrière le n° 1 pour aboutir en équerre à la rue Saint-Honoré ; c'en fut assez pour qu'elle reçût l'investiture des mains du savant fondateur du musée des Petits-Augustins.

Cette théorie, tenant lieu de toute étude de faits, de dates et de textes, je la trouve exposée de toutes pièces par un historien moderne de la ville de Paris : « Cette maison, » dit Girault de Saint-Fargeau, en parlant du n° 3 de la rue de la Tonnellerie, « communiquait autrefois avec celle située rue Saint-Honoré, au « coin des piliers des Halles, ce qui a induit en erreur quelques « auteurs, qui ont fait naître Molière rue Saint-Honoré, erreur « d'autant plus excusable que la maison de la rue de la Tonnel-« lerie n'avait pas d'entrée sur cette rue et qu'on était obligé de « passer par la boutique du marchand de la rue Saint-Honoré « pour arriver à l'ancien appartement de notre grand comique. » Girault de Saint-Fargeau est sûr de son affaire ; on dirait qu'il y était, qu'il a passé par la boutique du marchand de la rue Saint-Honoré pour pénétrer dans la chambre de l'accouchée et qu'il a entendu les premiers vagissements de l'enfant de qui devaient naître, à leur tour, Agnès, Célimène et Tartuffe.

Il en sait bien davantage encore, car il nous assure que, dans cette même maison de la rue de la Tonnellerie, qui n'ouvrait que sur la rue Saint-Honoré, et probablement dans la même chambre, « naquit, le 8 février 1655, l'ingénieux et plaisant Regnard, celui « des imitateurs de Molière qui s'est le plus rapproché de son « modèle. » L'auteur des *Quarante-huit quartiers de Paris* a négligé d'apprendre à ses lecteurs en vertu de quel lien de famille ou d'amitié, ou bien en vertu de quel bail, madame Regnard, marchande de salines, serait venue faire ses couches chez le tapissier son voisin, M. Pocquelin, qui habitait précisément à cette époque sa maison des piliers des Halles, ainsi qu'en fait foi un acte notarié du 15 janvier 1655, publié par Eudore Soulié (document XXVIe).

Ce voisinage des Pocquelins et des Regnards n'en était pas moins réel; ici encore une parcelle de vérité se retrouve sous un monceau d'erreurs.

Renversons la topographie des anciens biographes; abandonnons les grands piliers de la Tonnellerie, la rue Saint-Honoré et l'occident; transportons-nous aux petits piliers, qui bornaient les Halles du côté nord, en nous rapprochant des piliers des potiers d'étain, qui les bornaient à l'est : nous y retrouverons les Pocquelins, les Boudets, et Molière et Regnard.

Je vais fixer définitivement l'emplacement et tracer l'histoire de la maison des Pocquelins aux piliers des Halles avec une certitude qu'appuient nombre de documents, pour la plupart empruntés aux Archives nationales et demeurés inédits jusqu'à ce jour.

II.

M. Pocquelin, devenu veuf de Marie Cressé en mai 1632 et remarié à Catherine Fleurette le 30 mai 1633, acheta le 30 septembre suivant, par contrat devant Roux et Le Mercier, une maison sise aux petits piliers des Halles, devant le pilori, à l'image Saint-Christophe. Ces indications précises, contenues dans le contrat d'acquisition publié par extrait dans les recherches d'Eudore Soulié (n° III) et dont j'ai pris une copie entière dans le minutier de Me Thomas, le vénérable doyen des notaires de Paris, restreignaient le périmètre dans lequel il fallait rechercher l'emplacement de la maison, mais elles ne supprimaient pas les difficultés d'une détermination exacte sur un terrain qui, à deux reprises différentes, a été de nos jours totalement mis à nu par des bouleversements édilitaires.

Je vais au plus court.

La maison, d'après les descriptions anciennes de 1633 à 1782, consistait en deux corps d'hôtel, l'un sur le devant, l'autre sur le derrière, une cour entre deux, tenant d'une part aux héritiers du sieur Larger ou Target, d'autre à la maison du Cheval blanc, par derrière à la maison de la Fontaine (lesquelles furent ultérieurement réunies), et par devant aux Halles. Elle était élevée de cinq étages, d'une chambre chacun, correspondant à la largeur comprise entre deux piliers, c'est-à-dire mesurant deux toises (ou 3^{m}90) de façade.

La connaissance des maisons voisines, fournie par divers documents publics ou privés, tels que la Taxe des Boues pour 1637 (Arch. nat. KK 1020), l'État et partition de la Ville de Paris pour 1684 (Bibl. nat. ms. fr. 8603, f° 508 v°), et le Terrier royal *circà* 1705 (Arch. nat. Q^1 1099) s'accordent pour placer la maison des Pocquelins à gauche de celle qui formait l'encoignure gauche de la rue de la Réale, à son débouché sur les petits piliers de la Tonnellerie, devant le pilori et la fontaine. La rue de la Réale débouche aujourd'hui sur la rue de Rambuteau, entre le n° 116 à l'est et le n° 124 à l'ouest (les n°s 118, 120, 122 manquent, ou, si on l'aime mieux, sont représentés par la largeur de la rue de la Réale elle-même).

En considérant que M. Pocquelin, devenu veuf en mai 1632 de sa première femme, Marie Cressé, mère de Molière, s'était remarié le 30 mai 1633 à Catherine Fleurette, et qu'il acheta la maison des petits piliers de la Tonnellerie le 30 septembre suivant, on croit deviner chez le maître tapissier comme un désir de quitter la maison où Marie Cressé était morte et de ne pas profaner les souvenirs du passé en les mêlant à des joies nouvelles. Mais ce serait lui prêter des scrupules d'une délicatesse qui n'était pas de mode en ce temps-là. M. Pocquelin paraît n'avoir eu pour but en achetant la maison de l'image Saint-Christophe que de placer des capitaux disponibles, apportés sans doute par sa seconde femme dans la communauté. Le fait est que Catherine Fleurette mourut dès le mois de mai 1636, dans la même maison du Pavillon, rue Saint-Honoré, qui avait vu mourir Marie Cressé quatre ans auparavant.

On n'a pas connu jusqu'ici l'époque précise où M. Pocquelin quitta la rue Saint-Honoré pour s'installer dans sa maison des petits piliers de la Tonnellerie. On savait seulement qu'il habitait encore l'encoignure de la rue des Vieilles-Étuves en 1637[1]. Le premier acte où il prenne domicile à l'image Saint-Christophe est daté du 14 septembre 1654[2]. Cette date de 1637 établissait déjà que Molière, qu'on avait cru né aux piliers des Halles, n'y aurait habité tout au plus que six ans, puisqu'il était déjà séparé de son père dans les premiers mois, sinon dans les premiers jours de 1643.

Une clause du contrat de vente du 30 septembre 1633, non publiée par Eudore Soulié, confirmée par un incident de la procédure de décret qui tenait lieu, avant la révolution française, des formalités connues aujourd'hui sous le nom de purge des hypothèques, m'a fourni le premier élément d'une solution définitive sur ce point fort intéressant, qui modifie, dans un de ses aspects principaux, ce qu'on croyait savoir ou deviner de l'adolescence de Molière.

En achetant le 30 septembre 1633 la maison des petits piliers de la Tonnellerie, moyennant 8,500 livres, M. Pocquelin ne paya guère que 2,500 livres comptant ou à peu près (1,283 l. 8 s. 8 d. le jour du contrat, et 1,130 livres 6 d. le 21 octobre suivant). Le surplus du prix n'était exigible qu'après le décret volontaire du Châtelet. Une autre partie restait entre ses mains pour sûreté du douaire de l'une des venderesses, madame Plantin, jusqu'à la mort du sieur Plantin, son mari; une autre somme encore ne devait être payée qu'à la majorité des mineurs Lemaître; encore faut-il remarquer que M. Pocquelin prit tout son temps, puisqu'un reliquat de 431 l. 5 s. revenant à Jeanne de Courcelles, femme Danville, après le décret, ne fut payé par lui qu'en 1644, c'est-à-dire dix ans après l'échéance.

En exécution de l'engagement qu'il avait pris de provoquer un décret volontaire dans le délai de six mois, M. Pocquelin se reconnut débiteur, par lettres obligatoires du 22 octobre 1633, reçues Le Mercier et Augier, notaires, d'une somme de 400 l.

---

1. Arch. nat. KK 1036, f° 83. Taxe des boues pour 1637.
2. Cession par M. Pocquelin de son fonds de commerce à Jean Pocquelin le jeune, par acte reçu Buon et Le Semelier, 14 septembre 1654. Eudore Soulié, document XXIV.

envers le sʳ Nicolas Langlois, bourgeois de Paris, renoueur[1] de Monsieur, frère unique du Roi. En vertu de cette créance, véritable ou fictive, un commandement fut signifié à M. Pocquelin le 8 novembre 1633 (Arch. nat. Y 3037), et la procédure du décret commença. La maison des petits piliers fut saisie le lendemain 9, par le ministère d'un sergent à verge, juré priseur de biens, qui n'était autre que François Rozon, mari d'Agnès Pocquelin, le propre beau-frère de M. Pocquelin, partie saisie[2].

Dès le 18 novembre, François Rozon obtint la sentence du Châtelet qui ordonnait la vente aux criées. Les premières affiches furent apposées le 22, les unes contre la porte de la maison saisie, les autres contre le portail de l'église paroissiale de Saint-Eustache, à la porte du Parc civil du Châtelet et à la porte de la basse-cour d'icelui[3]. Les criées se poursuivirent, conformément à la coutume de Paris, de quatorzaine en quatorzaine, pendant quatre mois. Enfin, le 15 avril 1634, exactement dans le délai fixé par le contrat de vente, le Châtelet procéda à l'adjudication définitive. La maison fut adjugée à Mᵉ Georges Limozin, procureur au Châtelet, moyennant 8,500 l. tournois, naturellement pour le compte de M. Pocquelin.

Or, le sergent François Rozon, en procédant à la saisie, avait installé en qualité de commissaire séquestre[4] le sʳ Anthoine Forest, bourgeois de Paris. Celui-ci trouva que la maison saisie était occupée par un fripier nommé Blaise Desmaretz, qu'il assigna séance tenante pour faire vérifier le bail par justice, sinon vider les lieux. Là-dessus intervint une sentence du 20 janvier 1634[5], qui reconnut le droit de Desmaretz, constaté d'ailleurs par le

---

1. Le renoueur était une manière de chirurgien subalterne et non gradué, qui remettait les membres disloqués, soignait les douleurs, etc. L'*État de la France* pour 1669 explique que les renoueurs prennent titre de valet de chambre et ont ordinaire à la table de ceux-ci. Nicolas Langlois était donc, sauf la distance entre la maison du Roi et celle de Monsieur (Gaston d'Orléans), le collègue de M. Pocquelin.

2. C'est lui qui avait fait la prisée à l'inventaire de Marie Cressé, mère de Molière, les 19-31 janvier précédents.

3. Parfois on posait d'autres affiches sur le poteau du Pilori, pour les maisons situées dans le quartier des Halles.

4. Cette formalité était obligatoire : « En toute chose saisie et mise en criées, faut establir commissaire. » Coutume de Paris, édit de 1678, art. CCCLIII.

5. Arch. nat. Châtelet, Y 3033.

contrat de vente du 30 septembre 1633[1], qui visait un bail consenti par les s^rs Lebrun, Plantin et consorts, vendeurs de M. Pocquelin, au fripier Desmaretz, devant M^e Le Mercier, notaire, et son collègue, le 20 novembre 1632, pour cinq ans commençant à la Saint-Jean-Baptiste 1633 et finissant par conséquent le 23 juin 1638, moyennant cinq cents livres par an.

Il était permis d'inférer de là que M. Pocquelin avait dû attendre pour habiter sa propre maison que le bail Desmaretz eût pris fin, ce qui aurait fixé sa prise de possession au 24 juin 1638 et réduit à quatre ans ou cinq ans le séjour de son fils Molière aux piliers des Halles[2]. C'était une conclusion prématurée, comme le démontre une découverte que je viens de faire tout récemment. C'est un nouveau bail consenti par M. Pocquelin à Blaise Desmaretz, devenu l'associé d'un autre fripier nommé Moreau, pour cinq autres années, du 24 juin 1638 au 23 juin 1643, moyennant 550 l. tournois de loyer[3].

Il résulte de ce fait, aussi authentique qu'inattendu :

1° Que M. Pocquelin n'a dû prendre personnellement possession de la maison des Halles qu'après la Saint-Jean 1643; à cette date, son fils Molière, séparé de lui, selon toute vraisemblance, au moins depuis l'arrêté de compte du 6 janvier précédent, était domicilié rue de Thorigny, au Marais, avec sa nouvelle famille, les Béjarts, ou tout près d'elle[4];

2° Que Molière, qui n'est pas né aux piliers des Halles, ne les habita jamais à quelque époque que ce fût de son enfance ou de son adolescence. Voilà une tradition dont il ne subsiste rien, et avec elle s'efface aussi l'influence attribuée sur sa vocation naissante au voisinage immédiat de la rue Mauconseil et de l'hôtel de Bourgogne.

Par contre, il devient assez naturel que l'on ait attribué à M. Pocquelin le père un commerce de friperie, à cause de la profession de son locataire principal qui occupa seul la maison des

---

1. Dans la partie non publiée par Eudore Soulié. Voyez ci-après à l'*Appendice*.
2. C'est ce que je croyais encore lorsque je lus à l'assemblée générale de la *Société de l'Histoire de Paris et de l'Ile-de-France*, du 13 mai 1884, une note qui était le résumé succinct de la présente notice.
3. Acte reçu Le Mercier et Chapellain, notaires, le 31 janvier 1638. (Aux minutes de Me Thomas.)
4. Acte de société de l'Illustre Théâtre, 30 juin 1643.

piliers des Halles de 1633 à 1643. D'autres fripiers l'occupèrent également, vers la fin du siècle, de 1693 à 1703. Il y avait de quoi égarer sinon justifier la tradition.

Le 14 septembre 1654, M. Pocquelin vendit son fonds de commerce à son fils Jean le jeune, moyennant 5,218 l. 10 s. 5 d. tournois, sur lesquels ce fils, plus économe et moins généreux que son aîné, retint 5,000 l. qui lui revenaient de la succession de sa mère. En même temps, M. Pocquelin fit bail à son acquéreur de la maison des petits piliers, pour cinq années, moyennant 500 l. de loyer annuel, se réservant la chambre du second étage pour son habitation personnelle jusqu'au mariage de son fils, et le choix d'une autre chambre sur le devant, après le mariage, qui eut lieu quinze mois plus tard, le 16 janvier 1656. M. Pocquelin se trouvait ainsi dépouillé de son fonds de commerce et de la jouissance de sa maison moyennant 218 l. 10 s. pour solde de tout compte, et un revenu de 500 l.

Jean Pocquelin le jeune mourut le 5 avril 1660, dans la maison des petits piliers, laissant trois enfants en bas âge. Il fut remplacé dans son commerce et dans son bail par son beau-frère André Boudet, mari de Magdeleine Pocquelin[1]. C'est ce qui résulte d'un accord passé entre Jean Pocquelin père et André Boudet le 4 janvier 1667[2]. On y voit qu'André Boudet, locataire de la maison de Jean Pocquelin, avait confié à son beau-père, vers le commencement de 1665, une certaine quantité de marchandises dont Pocquelin père avait fait commerce dans la rue Comtesse d'Artois. L'oisiveté pesait sans doute au tapissier sexagénaire, deux fois veuf, et retiré du commerce depuis dix ans. Il n'en paraît pas moins singulier que M. Pocquelin quittât sa maison pour aller tenter un nouveau commerce à quelques pas de là[3].

---

1. La généalogie dressée par M. Livet dit qu'André Boudet était tapissier sous la Tonnellerie, au Soleil d'Or.

2. Eud. Soulié, doc. XXXIV, p. 215.

3. L'*État et partition* de 1684, rue Comtesse-d'Artois (article 364), dénombre « la maison de la dame Boudet par elle occupée. » Je ne sais quelle était cette dame Boudet ; la sœur de Molière n'existait plus à cette époque ; peut-être s'agit-il d'une parente. Il paraît possible, toutefois, que cette maison Boudet, rue Comtesse-d'Artois, la dix-huitième à droite en remontant à partir de l'encoignure des petits piliers, fût celle où le vieux Pocquelin reprit les affaires de 1665 à 1668. En comparant la mention de 1684 avec celle du Terrier royal de 1705, on voit que la maison Boudet devait se trouver à peu près en face du passage de la Reine de Hongrie, n°ˢ 28 à 32 de la rue Montorgueil d'aujourd'hui.

La maison de l'image Saint-Christophe, achetée en 1633 par M. Pocquelin, était une des plus anciennes du quartier des Champeaux. J'en ai connaissance dès 1307 par les archives des Quinze-Vingts (n° 2508 de l'Inventaire); elle appartenait alors à Renault Le Cherron, de qui elle passa, par une suite d'aliénations diverses, à un sieur Nicolas de Courcelles, qui la possédait en 1606. Ce furent les héritiers ou ayants cause de ce Courcelles qui la vendirent à Jehan Pocquelin le père, par le contrat du 30 septembre 1633.

Trente-cinq ans plus tard, cette vieille masure faillit tomber en ruines. Pour l'en empêcher, Molière prêta 10,000 l. à son père, sous le nom de Jacques Rohault, par contrat reçu Gigault et Lenormant, les 31 août et 24 décembre 1668 (Eudore Soulié, document XXXV). Les conditions de ce prêt étaient fort précises et même rigoureuses; M. Pocquelin s'engageait à payer 500 l. de rente perpétuelle en échange de ce prêt, garanties par une hypothèque spéciale sur la maison et générale sur tous ses autres biens meubles ou immeubles, et de plus avec subrogation, en faveur des prêteurs, du privilège des constructeurs et ouvriers, appuyée par l'obligation imposée à M. Pocquelin de fournir dans les trois mois les marchés et devis représentant la somme prêtée.

On a voulu voir dans ce contrat, passé sous le nom d'un tiers, le sentiment délicat d'un fils qui se dérobe pour obliger son père; mais il ne s'agit pas du tout ici d'un trait de piété filiale. Molière, marié et père de famille, fit simplement un acte de bonne administration en même temps qu'une affaire sûre et sérieuse, que l'interposition d'un tiers rendait seulement plus solide; car, à défaut d'exécution des clauses convenues, ce n'est pas Molière, c'est Rohault qui en aurait poursuivi l'exécution judiciaire. On devine un peu, sous ces précautions d'ailleurs fort sages, que M. Pocquelin passait, même aux yeux du meilleur et du plus désintéressé de ses fils, sinon pour un père prodigue, du moins pour un homme qui laissait le désordre s'introduire facilement dans ses affaires. Molière, cette fois, pensa moins à son père qu'à sa fille; ce fut en effet Magdeleine Molière qui profita de cet acte de prévoyance.

Des biographes, plus bienveillants qu'ils n'étaient versés dans la pratique des affaires, remarquant, dans l'inventaire des papiers de Molière, la grosse en parchemin des contrats de prêts passés sous le couvert de Jacques Rohault, veulent que ce fût dans l'intention d'anéantir la créance que Molière en ait détenu le titre entre ses mains. C'est le contraire qui est vrai. Le vrai titre, c'est la minute, qui ne doit jamais sortir des mains du notaire ; celle dont il s'agit se trouve encore à sa place dans le minutier de M⁰ Schelcher. Quant à la grosse, c'est le titre exécutoire que le créancier se fait délivrer lorsqu'il veut agir par voie d'exécution pour assurer ses droits. Et c'est en effet à quoi servit là grosse du prêt Rohault, non pour Molière lui-même, mais pour sa fille, qui obtint du Châtelet le 15 février 1690 une sentence contre ses cohéritiers, afin de les obliger au payement de la rente constituée sous le nom de Rohault.

M. Pocquelin mourut dans sa maison réédifiée, le 25 ou le 26 février 1669, à l'âge de soixante-quatorze ans, laissant pour héritiers : 1º Molière ; 2º les deux enfants mineurs d'André Boudet et de défunte Magdeleine Pocquelin ; 3º Jean-Baptiste Pocquelin, fils mineur de feu Jean Pocquelin le jeune et de Marie Maillard ; chaque branche pour un tiers.

La maison ne représentait pas, en ce temps-là, un loyer supérieur à 500 livres; de sorte que Molière, propriétaire pour un tiers, se trouvait, comme créancier hypothécaire, en possession de la totalité du revenu.

Jean-Baptiste Pocquelin, fils de Jean, le frère puîné de Molière, et de Marie Maillard, habitait à l'image Saint-Christophe lorsqu'il épousa Élisabeth Garroche, le 23 décembre 1684, et lorsqu'il perdit, le 9 juillet 1687, une petite fille issue de ce mariage, nommée Louise Pocquelin, morte à dix-neuf mois.

En 1693, la maison était occupée par un principal locataire, nommé Pierre Gaubert, marchand fripier, que les héritiers Pocquelin lui louaient 540 livres par an.

Ce bail fut renouvelé pour six ans à partir du 1ᵉʳ mars 1695, moyennant 750 livres, et encore pour six ans à partir de Pâques 1701, moyennant 900 livres, plus à chacun des bailleurs un pain de sucre et deux livres de bougie une fois payés.

De nouveaux baux, du 1ᵉʳ octobre 1703 et du 31 mai 1711, transmirent la maison de l'image Saint-Christophe à Martin Feuchère, marchand tapissier suivant la cour, et à Marie-Anne Delan, sa femme, moyennant 910 l. Elle avait été détruite en partie par un incendie le 12 juillet 1705, ainsi qu'il résulte d'un compte annexé à une transaction du 31 mai 1711 (Eud. Soulié, document LXI).

Les héritiers Pocquelin, qui étaient alors Madeleine Pocquelin de Molière, Jean-Baptiste Pocquelin, devenu avocat en Parlement, et André Boudet, ancien lieutenant de la milice de Cayenne, tous trois cousins germains, la possédaient encore par tiers indivis au 31 mai 1711.

Les Boudet s'étaient probablement éteints peu après cette dernière date, laissant pour héritiers Madeleine Molière et les descendants de Jean Pocquelin le jeune, de sorte qu'en 1723 la maison dut appartenir par moitié à Madeleine Molière, femme de Claude Rachet sieur de Montalant, et à une Pocquelin, petite-fille ou arrière-petite-fille de Jean le jeune.

Madame de Montalant mourut à Argenteuil le 23 mai 1723; son mari, devenu son héritier, s'empressa de vendre le 12 janvier 1724, par contrat devant Fromont et Vatry, la moitié qui lui appartenait de la maison des petits piliers, à Me Jean Gagnat, procureur au Parlement. Cependant, il la fit réparer le 27 mars 1726, et il acquitta les droits de centième denier à la date du 9 février 1734. Je ne me charge ni de concilier ni de contredire ces dates, authentiques toutes les trois.

M. de Montalant mourut le 4 juin 1738 dans sa maison d'Argenteuil, âgé de quatre-vingt-douze ans et quatre mois. Là s'arrêtent les documents recueillis par Eudore Soulié sur la famille de Molière, et je les continue par des documents nouveaux et inédits.

Marie-Élisabeth Pocquelin, propriétaire de l'autre moitié de la maison des piliers des Halles, ne voulut pas rester dans l'indivision avec le procureur Gagnat ou ses ayants cause. Une sentence rendue au parquet des requêtes de l'hôtel, les 29 avril, 9 mai et 10 juillet 1744 (Arch. nat. X 3 B 2154), repoussa la demande d'Élisabeth Pocquelin; cette sentence fut cassée le 6 mars 1745 par un arrêt du Parlement (Archives nat. X 7546), qui renvoya les parties devant le Châtelet. Ce tribunal rendit, le 18 juin 1745 (*ibid.* Y 1217), une sentence qui ordonnait la licitation réclamée par Élisabeth Pocquelin contre Jean-Louis Gagnat, receveur des consignations près la seconde chambre des requêtes du Palais, fils de feu Pierre Gagnat. Enfin la licitation eut lieu effectivement par une sentence d'adjudication du 8 juin 1746 (Arch. nat. Y 2814), qui fit sortir la maison des mains de la famille Pocquelin, après une possession de cent treize ans. Elle portait à cette dernière date l'enseigne de la Croix d'or et était louée à un nommé Cagnat, marchand fripier, ce qui explique et excuse dans une certaine mesure l'erreur de Voltaire sur la nature du commerce exercé par les Pocquelins.

Le nouvel acquéreur de la maison était un maître tapissier, nommé Gilles Pingot, qui la paya 18,050 l. En 1789, la maison s'appelait toujours la Croix d'or et appartenait à Jean-Gilles Pingot, l'un des fils du précédent, conseiller du roi, contrôleur des tailles de la maison du roi, mari de Marguerite Adam.

Les archives du Châtelet (Y 2914) me fournissent encore une sentence du 17 février 1781, portant adjudication de la maison par licitation entre les héritiers et les créanciers de Jean-Gilles Pingot à Jean Prevost, fruitier oranger, établi sous les piliers des potiers d'étain, moyennant 13,700 l.

Enfin, le 2 août 1782, par contrat devant Lagrenée, ce Jean Prevost et sa femme Marie-Antoinette Duval achetèrent de François-Ambroise Didot, libraire, et d'Antoinette-Charlotte Voisin, son épouse, l'ancienne maison du Cheval blanc et de la Fontaine royale, formant le coin gauche de la rue de la Réale, à droite de celle des Pocquelins; ils les démolirent toutes les deux et les remplacèrent par une maison unique, comprenant les deux entre-piliers occupés jusque-là par les anciennes maisons Saint-Christophe et du Cheval blanc.

La maison double passa le 9 mai 1806 aux mains des héritiers de M. et Mme Prevost et fut adjugée par licitation du 21 décembre 1811 à l'un des colicitants, M. Jean-Léonard Bobin, négociant, mari de dame Marie-Antoinette Prevost.

M. et Mme Bobin la revendirent, par contrat devant Mes Laisné et Bacq, le 24 février 1816, moyennant 40,000 francs à M. Langereau, marchand de vins, et Angélique-Louise Desclus, sa femme, de qui elle passa, par contrat devant Me Chambette, le 31 juillet 1823, à Nicolas-Gabriel Burtin, moyennant 57,800 francs.

Enfin, par suite de licitation entre les héritiers Burtin, la maison double fut adjugée le 2 août 1829, moyennant 68,050 francs, à Jean-Charles-François-Ambroise Mascret, commissionnaire de roulage, qui en fut le dernier propriétaire.

En vertu d'une ordonnance royale du 5 mai 1838, qui prescrivait l'ouverture de la rue Rambuteau, le tribunal civil de la Seine rendit, le 21 août 1844, un jugement d'expropriation qui retranchait une partie de la propriété de M. Mascret comprise dans la cinquième portion de la voie nouvelle. La Ville offrait 46,000 francs d'indemnité; Me Marie, avocat de M. Mascret, en réclamait 90,000 ; le tribunal en alloua 65,000, plus 30,000 fr. à un principal locataire, nommé Dufaud. Les vendeurs de la marée, établis dans la maison, se contentèrent d'une indemnité de 12 fr. 50. Elle portait, au moment de l'expropriation, l'unique n° 93 sous les petits piliers.

III.

Du coin S.-O. de la rue de la Réale jusqu'à la rencontre de la place de la Pointe Saint-Eustache, on a compté, jusqu'à 1838, onze piliers, circonscrivant de neuf à onze maisons, selon les divisions ou les réunions de propriétés. Ces onze piliers, bas et trapus, formant un passage étroit où s'ouvraient des boutiques humides et sombres, se suivaient sur une longueur de 38 mètres, selon une direction qui formait, de droite à gauche, c'est-à-dire d'orient en occident, un angle N.-E.-S.-O. avec l'alignement actuel de la rue de Rambuteau.

Cet alignement, pénétrant dans l'îlot des petits piliers par le flanc gauche, y découpa un triangle qui, n'offrant qu'une épaisseur de 6^{m}85 au droit de l'ancienne maison de la Fontaine royale et de 10 mètres au droit de l'ancienne maison Pocquelin, à l'image Saint-Christophe, atteignait une profondeur de 17^{m}10 près de la place de la Pointe Saint-Eustache. Ce triangle fut immédiatement rasé.

La profondeur de la maison double expropriée sur M. Mascret en 1838 étant de 19 mètres, d'après le plan de Vasserot et Bellanger, il s'en suit que la façade de la maison portant aujourd'hui le n° 124 sur la rue de Rambuteau (magasin des Fabriques de France) occupe environ de 9 à 13 mètres en profondeur du terrain de l'ancienne maison double.

Bientôt après l'expropriation des piliers pour l'ouverture de la rue de Rambuteau, une nouvelle expropriation, d'octobre 1844, fut ordonnée pour porter à 10 mètres la largeur de la rue de la Réale, qui n'en avait que 2. Cette opération enleva presque entièrement ce qui pouvait subsister de la maison double après les travaux de 1838.

Cependant, le lambeau de vieille construction qui subsiste en arrière du flanc droit du n° 124 de la rue de la Réale paraît provenir du fond droit de la maison double, dans la partie où celle-ci avait remplacé l'ancienne maison de la Fontaine royale.

D'après ces données assez complexes, l'emplacement particulier de l'ancienne maison Pocquelin, non couvert par les constructions de la rue Rambuteau, doit être recherché dans un rectangle d'environ 9^m de longueur sur 3^{m}90 de largeur, à figurer sur le sol de la voie publique, obliquement à la façade du n° 124 de la rue de Rambuteau et à l'angle S.-O. de la rue de la Réale élargie.

C'est ce que représente le petit plan ci-joint, calculé sur une copie du plan officiel, que je dois à l'obligeance de notre savant collègue M. Hochereau, directeur du plan de Paris à la préfecture de la Seine.

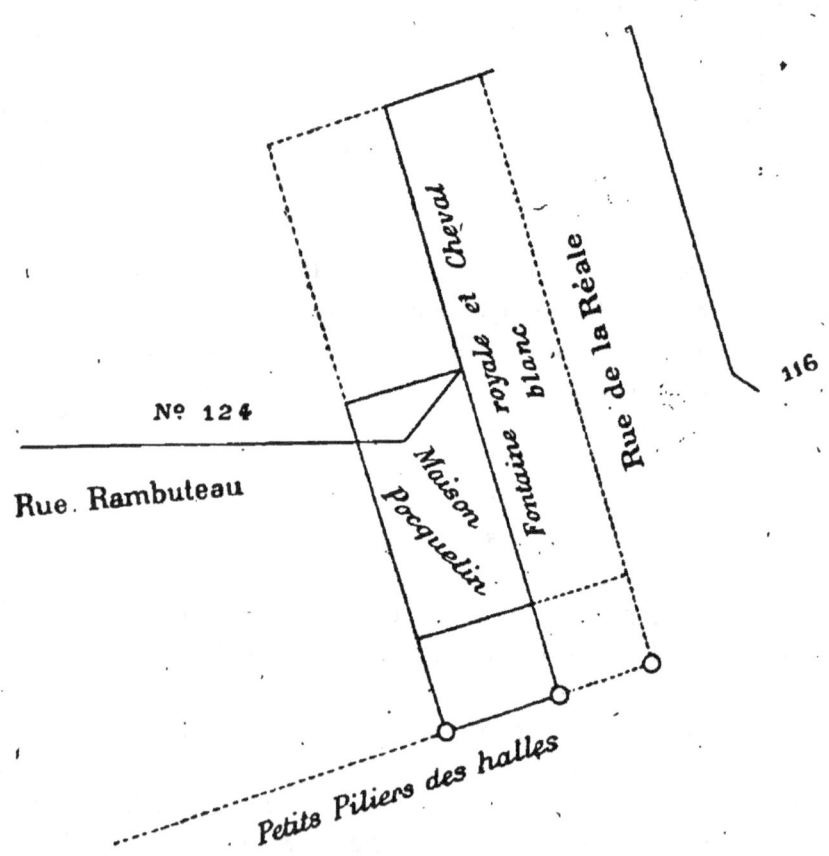

Il m'a paru qu'il n'était pas inutile, tant au point de vue archéologique qu'au point de vue littéraire, d'entrer dans ces minutieux détails. La dissertation qui précède prouve, pièces en main :

1° Que la maison acquise par M. Pocquelin, alors que son fils Molière était âgé déjà de onze ans, n'avoisinait pas la rue Saint-

Honoré, et que, par conséquent, on n'a nulle ombre de prétexte de la confondre avec la maison natale de notre grand comique ;

2° Que la maison des petits piliers n'a pas été détruite par le passage de la rue de Rambuteau, comme le croyait encore Eudore Soulié, puisqu'il résulte des actes inédits dont je viens de donner l'analyse, qu'elle avait été démolie il y a cent deux ans, à la suite du contrat de vente du 2 août 1782. L'expropriation de 1838 n'a porté que sur la maison double reconstruite par M. et Mme Prevost, marchands d'oranges.

IV.

Cette étude des origines et des traditions m'amène à déterminer ici, d'une façon définitive, l'emplacement de la maison natale de Regnard.

La Taxe des boues pour 1637 fait commencer les petits piliers par l'hôtellerie du Heaulme, après laquelle vient, en se dirigeant vers la pointe Saint-Eustache, la maison des Trois saucisses, puis la maison de l'image Notre-Dame, appartenant au s^r Regnard, marchand de salines. L'État et partition de 1684 fournit des indications semblables, sauf que madame Regnard, devenue veuve, est enregistrée au lieu et place de son mari défunt.

Le Heaulme est facile à retrouver. Rien de plus curieux que cette ancienne hôtellerie [1], devenue le bureau de la factorerie de la marée, et qui mériterait à elle seule une monographie. Elle appartenait autrefois aux religieux Célestins, et elle communique, comme au temps jadis, avec la rue de la Grande-Truanderie, où elle est numérotée 37.

L'hôtel du Heaume, morcelé aujourd'hui entre diverses industries, est classé comme faisant partie du côté gauche de la rue Pirouette, avec le n° 5. Il est précédé, vers le point de rencontre de cette rue avec la rue Rambuteau, par deux maisons en saillie sur la rue Pirouette, et formant entre elles un angle obtus, selon lequel elles rejoignent obliquement le tracé général de la rue Rambuteau, où elles s'appliquent au n° 108. L'indécision de leur situation paraît avoir gagné l'administration municipale, car ces deux maisons, dans l'état actuel (8 décembre 1884), comptent à la

---

1. 21 mars 1419. Le Heaume, rue Pirouette en Therouenne. Arch. des Quinze-Vingts, n° 2917.

fois pour les n°ˢ 1 et 3 rue Pirouette, et pour l'unique n° 106 sur la rue Rambuteau.

Ces deux maisons, comprenant ensemble la largeur de trois anciens piliers, savoir la maison de droite (contre le Heaume) deux piliers, et la maison de gauche (contre le n° 108 de la rue Rambuteau) un entre-pilier seulement, ont été refaites ou remaniées sur leurs anciens vestiges, sans nul changement dans leur contenance totale ; seulement, leurs propriétaires ont intercepté, au rez-de-chaussée, l'ancien passage sous les petits piliers, dont la profondeur leur a donné deux boutiques nouvelles, éclairées directement sur la rue, en avant des anciennes, qui prenaient jour sur le passage des petits piliers et qui sont devenues des arrière-boutiques. Les piliers eux-mêmes subsistent encore, badigeonnés de diverses couleurs, mais très reconnaissables à leurs assises trapues, et formant aujourd'hui le pied droit de gauche de chaque porte d'entrée.

La première de ces maisons (censée n° 3 rue Pirouette) est l'ancienne maison des Trois saucisses ; la seconde (censée n° 1 rue Pirouette) est l'ancienne maison patrimoniale des Regnards, à l'image Notre-Dame.

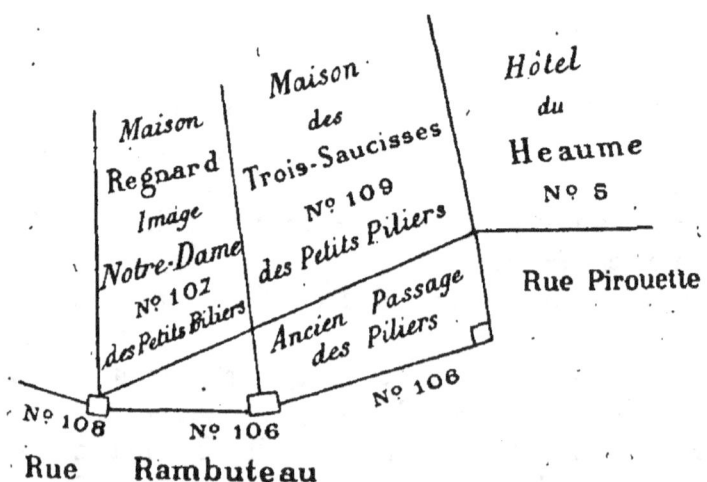

Voici succinctement l'état civil de ces deux maisons, d'après les actes authentiques que j'ai dépouillés à la Conservation des hypothèques et chez les notaires.

A. Maison de droite (partie droite du n° 106 de la rue Rambuteau, censé n° 3 de la rue Pirouette), appuyée à droite à l'ancien hôtel du Heaume (n° 5 actuel de la rue Pirouette), portait le n° 109 des piliers des Halles avant l'ouverture de la rue Rambuteau. Elle appartenait en 1637, et encore en 1684, à un sʳ Hardy ou ses héritiers. Le propriétaire actuel est M. J.-B. Hardy, mais cette homonymie est un pur effet du hasard. M. Hardy d'aujourd'hui est acquéreur de la maison par jugement des criées du tribunal de la Seine du 11 avril 1840. Les transmissions immédiatement antérieures remontent à la famille Mauperché, qui s'en défit par jugement du 10 prairial an X (30 mai 1802), transcrit le 2 fructidor suivant. Elle avait été acquise par M. Auguste de Mauperché, ci-devant avocat au parlement de Paris, en vertu d'une adjudication des criées de Paris du 13 brumaire an IV, sur licitation des héritiers d'Antoine Grisel, maître fondeur, et de Marie-Angélique Vafflard, sa femme; lequel Grisel était acquéreur du sʳ Vée, par contrat devant Mᵉ Hua, le 13 floréal an III. Avant d'acheter la maison par contrat devant Lesacher le 17 mai 1783, le sʳ Vée, marchand de vins, la tenait, en vertu d'un bail du 13 décembre 1766, des héritiers Anquetil, qui en étaient eux-mêmes propriétaires en vertu d'une adjudication du Châtelet du 25 juin 1775 (Arch. nat. Y 2883). Les Anquetils la détenaient en vertu d'une licitation entre les héritiers Caignard, du 21 mars 1745. (*Ibid.*) Les Caignards la possédaient patrimonialement dès les premières années du xviiiᵉ siècle.

En 1745, cette maison, dont la façade a toujours comporté deux boutiques, avait en conséquence double enseigne, l'une à l'image du grand Saint-Louis, l'autre la Croix blanche.

En l'an X, elle était numérotée 24 rue de la Tonnellerie, division de Bon Conseil, et portait pour enseigne le Franc Pinot.

Elle est dite, en 1745, tenir à droite et par derrière aux RR. PP. Célestins (c'est le Heaume), à gauche à la veuve Le Halleur.

2° Maison de gauche du n° 106 de la rue de Rambuteau (censé n° 1 de la rue Pirouette), contiguë au n° 108 actuel de la rue Rambuteau. Elle portait le n° 107 des Piliers des Halles avant l'ouverture de la rue de Rambuteau. C'est la maison natale de Regnard.

Cette maison était portée à la Taxe des boues de 1637 comme appartenant à M. Regnard, marchand de salines. L'État et partition de 1684 l'inscrit au nom de madame veuve Regnard; enfin, le Terrier royal (*circà* 1705) la donne à M. Marcadé, secrétaire du Roi, qui en fit déclaration devant Thouin, notaire, le 17 octobre 1701, enregistrée en la Chambre du domaine le 19 décembre suivant. Ce secrétaire du Roi était Pierre Marcadé, mari de Jeanne Regnard, et beau-frère du poète.

Pour établir avec toute certitude l'origine de la petite maison pour laquelle je revendique l'honneur d'avoir vu naître Regnard, il faut remonter sans lacune de madame veuve Leroux, qui la possède aujourd'hui, jusqu'à la famille Marcadé, c'est-à-dire aux héritiers Regnard.

C'est ce que je vais faire en suivant la filiation ininterrompue des actes notariés, depuis la présente année 1884 jusqu'à 1701, date de la déclaration passée par Pierre Marcadé.

Madame Louise-Antoinette Prevost, veuve de M. Louis Leroux, marchand de beurre, possède l'ancienne maison de l'image Notre-Dame en vertu d'une adjudication sur licitation du 2 décembre 1874, après la mort de son mari. Les époux Leroux l'avaient achetée, par acte reçu Tourin, le 20 juillet 1842, de Jean-Louis Legrain et Marie-Victoire Jumelet, son épouse.

Ceux-ci en étaient acquéreurs par contrat devant Tourin, notaire, le 22 novembre 1831, de Jean-Alexandre Tesson, mari de Marguerite Jacquin, et provenait en propre à M. Tesson de la succession de Jean-François Tesson et de Louise-Madeleine Aumont, ses père et mère, en vertu d'un partage devant Mᵉ Vilcocq, le 17 février 1828.

M. J.-F. Tesson l'avait achetée devant Pérignon, notaire, le 19 germinal an IX, de J.-B. Angelet et Agathe Daudebert, son épouse; provenant à celle-ci de son chef comme héritière de Marie-Geneviève Le Halleur, sa mère, femme de Louis-Thomas Daudebert, avocat, à qui elle appartenait comme héritière de sa mère Marie Royer, veuve de Jean Le Halleur, qui, elle-même, l'avait achetée devant Chevallier, notaire, le 23 mars 1730, de Henri Marcadé de Bissy.

Ceci nous rejoint directement à la famille Regnard.

En effet, Jeanne Regnard, l'une des filles du marchand de salines et de poissons de mer, Pierre Regnard, et de Marthe Gelée, avait épousé Pierre Marcadé, joaillier et orfèvre ordinaire du Roi, fils d'un orfèvre François Marcadé, lequel acheta en 16.. une charge de secrétaire du Roi et mourut le 3 juillet 1705. La maison des petits piliers devint après eux l'héritage de leur fils Charles Marcadé, seigneur de Bissy en la paroisse de Bonnelles, conseiller maître ordinaire en la Chambre des Comptes, reçu le 20 août 1693, l'un des quatre maîtres des Comptes qui étaient en même temps secrétaires du Roi prenant bourse sur la grande Chancellerie de France et ayant *committimus* au grand sceau. Charles Marcadé mourut en décembre 1727, laissant de son mariage avec Élisabeth de Tourmont cinq enfants, dont quatre seulement sont dénommés dans le dossier Marcadé, du Cabinet des titres. L'aîné, Jean-François Marcadé, était conseiller auditeur des comptes, du 17 octobre 1726. Ce fut au second de ces enfants, Louis Marcadé sieur de Bissy, que la maison des petits piliers échut aux termes d'un partage successoral effectué devant Me Mény, notaire, le 8 avril 1728.

Constatons la parfaite concordance de cet établissement de propriété avec l'indication fournie par les actes relatifs à la maison adjacente (les Trois saucisses), qui la font tenir à gauche en 1745 à madame veuve Le Halleur, c'est-à-dire aux acquéreurs directs de la succession Marcadé.

Ces détails peuvent sembler arides, mais la vérité historique et archéologique est à ce prix.

Il faut se hâter, d'ailleurs, de saisir, pour ainsi dire au jour le jour, la physionomie changeante du Paris qui s'en va. Jusqu'à ces derniers temps, l'ancienne maison des Regnards avait abrité le commerce de beurres continué par madame veuve Leroux; ce commerce a fait place à celui d'un marchand de vins, qui vient d'arborer une nouvelle enseigne, choisie dans le vocabulaire de naturalisme contemporain, « *au vin de Pissenlair*. » Un hôtel meublé occupe les étages supérieurs, sous le vocable fort correct de *la Pirouette des Halles*.

Enfin, on voyait encore, il y a six mois, dans l'imposte de la porte étroite par laquelle on pénètre dans la maison, le mot *salines*, inscrit en lettres bleues sur fond de cristal blanc, montrant que le commerce deux fois et demi séculaire des Regnards se continuait dans leur antique logis. Il a disparu le 1er juillet 1884.

Ajoutons, pour ne rien omettre, que l'État et partition de 1684 donne, comme propriétaire de la maison suivante (n° 108 de la rue Rambuteau), M. Gelée, sans doute père ou frère de madame Regnard.

Résumons-nous. Il demeure acquis, grâce à ces dernières recherches, qui, je me permets de le dire, ont été fort laborieuses, que la petite maison d'un seul entre-pilier, dite aujourd'hui la Pirouette des Halles, tenant à gauche au n° 108 de la rue Rambuteau, est bien la maison désignée dans l'acte de baptême de Regnard, publié par Beffara :

« Du lundy 8e février 1655, fut baptisé Jean-François, fils d'ho-

« norable homme Pierre Renard, marchant bourgeois de Paris,
« et de Marthe Gelée, sa femme, demeurant soubs les pilliers des
« halles. » C'est également dans cette maison que mourut
M. Pierre Regnard le 18 juin 1657, laissant une grosse fortune,
gagnée dans les salines, à ce fils qui devait, après Molière, illustrer la scène française et la vieille bourgeoisie de Paris.

On a vu que la maison des Regnards portait il y a cinquante ans le n° 107 sous les petits piliers de la Tonnellerie; tandis que l'emplacement de l'ancienne maison des Pocquelins portait le n° 93. Par conséquent, sept maisons seulement les séparaient l'une de l'autre. La tradition lointaine du voisinage de ces deux gloires parisiennes n'était donc pas imaginaire. La voilà restituée dans ses données authentiques.

DEUXIÈME PARTIE.

I.

Les maisons du quartier des Halles, autrefois nommé les Chaupeaux, étaient fort anciennes. Philippe-Auguste y transféra la foire Saint-Lazare; mais les piliers, ou portiques couverts, qui les circonscrivaient, passaient pour remonter au temps de Louis le Gros. Le Dit de Guillot sur les rues de Paris en parle dans les termes suivants :

> La Petite Truanderie
> Es rues des Halles s'alie ;
> La rue au Cingne ce me samble
> Encontre Maudestour assemble
> Droit à la grant Truanderie.
> Et Merderiau n'obli je mie,
> Ne la petite ruelette
> Jehan Bingne par Saint-Clair furete.
> Mon chemin ne fut pas trop rogue ;
> En la rue Nicolas Arode
> Alai et puis en Mauconseil...

« Les principes de la directe du roi dans ce quartier se trouvent dans les accords faits avec les évêques de Paris, lesquels sont énoncés en la charte de 1222 appelée la Philippine, et dans les déclarations fournies par l'évêque de Paris en exécution d'arrêt du Parlement de Paris du 4 décembre 1537. Le territoire de cette directe forme un continent assez étendu dont le Terrier de Louis XII établit parfaitement le contour, à commencer dans la rue Saint-Honoré entre celle des Prouvaires et celle de la Tonnellerie, suivant tout le long de celle-ci et tournant avec elle jusqu'à la pointe Saint-Eustache, remontant de là jusqu'à l'ancienne hôtellerie du Paon qui existe encore aujourd'hui (1728). » La note qu'on vient de lire précède un document intitulé État en detail des domaines du Roi : « Revenant aux piliers dits du Pilori « et les suivant jusqu'à la rue Pirouette en Terrouenne, puis « reprenant les piliers des potiers d'étain jusqu'aux charniers des « Saints-Innocens, d'où regagnant la rue Saint-Honoré dite « autrefois en ce lieu la rue de la Charronnerie, et de l'extrémité « de cette rue où étoit l'ancienne place aux Chats retournant au « coin de la rue de la Tonnellerie. » (Arch. nat. P 948, f° 164.)

Le périmètre des Halles était délimité au sud par la rue aux Fers et la rue de la Ferronnerie; à l'ouest par la rue de la Tonnellerie, section dite des grands piliers, dont le tracé était identique, du côté du sud, à celui de la rue actuelle du Pont-Neuf; au nord par la rue de la Tonnellerie, section dite des petits piliers, absorbée par le tracé actuel de la rue de Rambuteau; à l'est par la rue Mondetour et la rue de la Lingerie. Il s'est récemment étendu à l'ouest jusqu'au débouché nord de l'ancienne rue des Prouvaires et à l'est jusqu'à la rue Pierre Lescot, créée en prolongement de la rue Saint-Jacques l'Hôpital, qui, elle-même, ne fut ouverte qu'en 1814, coupant en deux le cloître de Saint-Jacques et le massif de maisons compris entre la rue Mondetour et la rue Saint-Denis.

La rue de la Tonnellerie, partant de la rue Saint-Honoré, s'élevait vers le nord, formait, aux abords de l'église Saint-Eustache, une courbe arrondie vers l'est, franchissait l'étroit débouché de la pointe Saint-Eustache, et se terminait à l'entrée de la rue Pirouette.

La partie de la rue Tonnellerie comprise entre l'angle oriental de la pointe Saint-Eustache, c'est-à-dire la rue Comtesse d'Artois, et les premières maisons de la rue Pirouette, s'appelait les petits piliers. On en comptait en tout vingt-deux, savoir onze entre la pointe Saint-Eustache et l'angle occidental de la rue de la Réale, et onze entre le coin oriental de celle-ci et la rue Pirouette.

Ces vingt-deux piliers étaient numérotés de 81 à 109[1] en 1813,

---

[1]. Chaque section de onze piliers donnerait dix maisons, à raison d'une maison par chaque entre-pilier de deux toises l'un : ensemble vingt maisons qui auraient dû porter les n°s 81 à 119 ; mais le numérotage officiel de 1838 indique cinq entre-piliers non numérotés, à savoir : les deux premiers entre-piliers, à partir de la pointe Saint-Eustache, sont réunis sous le n° 81 ; les cinquième et sixième entre-piliers, sous le n° 87 ; le septième

ainsi que le constate La Tynna, et conservaient encore ce numérotage en 1838, à l'époque où l'on décida le percement de la rue Rambuteau. La maison des Pocquelins portait le n° 91.

Les petits piliers formaient la limite nord d'une place triangulaire, occupée à l'ouest par les bâtiments de la halle à la marée, autrement dits le fief de Hallebick ou d'Alby, séparés à l'ouest de la halle au blé et du poids le roy par la rue de la Fromagerie, et à l'est, parallèlement à la rue Saint-Denis, par les petits piliers dits des potiers d'étain. Entre la halle à la marée et les potiers d'étain, le terrain était occupé par des étalages en plein vent et par la voirie. La pointe du triangle était tournée vers le sud et aboutissait à la halle aux Poirées, qui débouchait elle-même dans la rue aux Fers. Mais, du côté des petits piliers de la Tonnellerie, l'écartement entre les bâtiments du fief d'Alby et les potiers d'étain laissait une large place, laquelle, au droit de la rue de la Réale, offrait au regard trois édicules d'aspect très différent : le pilori, construit en avant et à environ six toises et demie de la maison des Pocquelins; la fontaine, construite un peu en arrière du pilori, au droit de la rue de la Réale, enfin, encore plus à l'est et en retrait de la fontaine, une croix dont nous dirons tout à l'heure la destination.

Le pilori, dont on connaît la destination pénale, existait à cet endroit depuis la construction des halles, mais il avait été réédifié vers 1596; c'était en ce temps-là, et jusqu'au jour de sa démolition, qui fut effectuée en vertu de lettres-patentes du 16 septembre 1785, enregistrées le 25 janvier 1786, une sorte de tour octogone, autour de laquelle régnait un échafaud qui servait ou avait servi pour des exécutions capitales. C'est là que Jacques d'Armagnac duc de Nemours avait été décapité en 1477[1].

La peine du pilori était peu à peu tombée en désuétude; du moins on ne la réservait qu'aux banqueroutiers frauduleux : « Il « y a long temps qu'on n'y pilorie plus personne, » écrivait Sauval, et Piganiol de la Force confirme que de 1633 à 1673 on

---

entre-pilier est sans numéro ; les onzième et douzième sont numérotés 95 ; les dix-neuvième et vingtième sont numérotés 109; soit cinq numéros de moins, qui réduisent la série impaire à 109 au lieu de 119.

1. La question de savoir si l'échafaud des exécutions capitales était permanent me paraît au moins douteuse. On lit dans les éditions modernes de la *Chronique scandaleuse* que le duc fut supplicié à l'échafaud « ordinaire » des halles. Mais l'édition princeps porte « l'échafaud ordonné es halles, » ce qui signifie précisément le contraire.

n'avait mis personne au pilori. Les Pocquelins ne furent donc jamais affligés de l'odieux spectacle que pouvait leur faire redouter un pareil voisinage. L'échafaud avait d'ailleurs disparu pour faire place à des échoppes rangées autour du pilori et qui assuraient au bourreau un revenu suffisant pour le consoler de la suppression de ses petits profits. Tout à coup, en 1673, l'année même de la mort de Molière, les exécutions recommencèrent; on pilorîa un nommé Jean Devès, procureur, et un commerçant appelé Mercier, son complice. Piganiol nomme quelques autres banqueroutiers ou concussionnaires, qui furent pilorîés de 1673 à 1737, entre autres un fameux partisan « insolent et affronteur, » nommé La Noue.

La fontaine des halles n'était guère moins ancienne que le pilori. « Aux halles lez pillory est une fontaine » dit Guillebert de Metz (p. 198). Elle fut rebâtie en 1601, sous la prévôté d'Antoine Guyot, président en la Chambre des Comptes, et les eaux y furent amenées sous la prévôté de François Miron (1604-5), ce que rappelait une inscription ainsi conçue :

Saxeus agger eram, ficti modo fontis imago,
Viva mihi laticis Miro fluenta dedit.

Plus loin encore, et dans l'axe de la rue des Prêcheurs, s'élevait une croix, « comme aux autres gibets ordinaires de Paris. » C'était là que les débiteurs insolvables venaient faire cession de leurs biens et recevoir le bonnet vert de la main du bourreau. Au temps de Sauval et de Molière, on n'y voyait plus que de rares misérables, et le bourreau, les jugeant indignes de lui, s'était substitué, pour les y recevoir, un portefaix qui affermait cette corvée. La cérémonie du bonnet vert disparut vers les premières années du xviiie siècle, probablement après la chute du Système; il aurait fallu donner le bonnet vert à trop de gens et des plus qualifiés.

Tout l'espace compris entre les bâtiments s'appela le marché du carreau des halles, occupé par des marchandes en plein air, mal abritées par des lambeaux de tente ou par de larges parasols de toutes couleurs, en été contre le soleil, en hiver contre la bise.

J'ai dit que, du coin gauche de la rue de la Réale jusqu'à la rencontre de la place dite de la pointe Saint-Eustache, on comptait onze piliers. Ceci ne donnerait que dix maisons, à raison d'une maison par chaque entre-pilier; cependant le Terrier royal en compte onze. Cette différence en plus se comprend à la vue du plan qui accompagne le texte. Le sixième entre-pilier à partir de la rue de la Réale était coupé par une étroite allée donnant accès à une maison placée derrière la maison de façade, et par conséquent ce sixième entre-pilier renfermait à lui seul deux maisons. La longueur de ces dix maisons en façade était de 38 mètres, ce qui donne 3 mètres 90 ou environ douze pieds pour la largeur de chaque entre-pilier.

En 1777, on avait abattu les maisons et la barrière qui fermaient la pointe Saint-Eustache en prolongement de la rue Comtesse d'Artois, afin de faciliter le passage pour les voitures entre les rues Comtesse d'Artois, Montmartre, Traînée, etc.; mais ce retranchement angulaire vint aboutir au premier des petits piliers sans les entamer; de sorte que le plan de Bellanger (1825-30) conserve encore à cette fraction de voie la même configuration qu'elle affectait au xviie siècle.

Pour reconstituer cette portion intéressante du vieux Paris, entièrement disparue, la méthode la plus longue, mais la plus sûre, c'est de copier et de comparer entre elles les diverses listes authentiques des maisons comprises entre les petits piliers des halles, depuis le coin gauche ou occidental de la rue de la Réale jusqu'à la rencontre de la pointe Saint-Eustache, c'est-à-dire du commencement de la rue Montorgueil d'aujourd'hui.

1º *Taxe des boues* (1637).

10. Maison occupée par Sébastien Davy, marchand fripier, appartenant au sieur Turgis.

11. La maison où est demeurant Jean Pocquelin, appartenant au sieur Pocquelin (taxée cent sols).

12. Maison à l'enseigne de l'Escu, occupée par Jacques Alienis, appartenant au sieur David (même taxe).

13. Maison de l'image Saint-Brice, occupée par Jean Roux, frippier, appartenant au sieur Le Cuvetier (même taxe).

14. Maison appartenant au sieur Reverand, dizenier (taxée 8 livres).

15. Maison occupée par le sieur Jean Lambert, appartenant au sieur Bouc (taxée 4 livres).

16. Maison occupée par la veuve Salle, appartenant au sieur Heron (même taxe).

17. Maison occupée par Guillaume Duval, potier d'étain, appartenant à Jean Guillaume (même taxe).

18. Maison occupée par Charles de Moustier, marchand de salines, appartenant aux Minimes et à la fabrique Saint-Eustache (taxée 6 livres).

19. Maison à l'enseigne des Trois pigeons, appartenant au sieur Barreau (taxée 6 livres).

Ensuite la pointe Saint-Eustache.

2° *État et partition* (1684).

30. Maison occupée par le sieur Peaumier, appartenant au sieur Huot.

31. La maison des sieurs Poclins, par eux occupée.

32. Maison du sieur Launay, appartenant à la dame Cadesne.

33. Maison de la dame Hinard, appartenant à la dame Mercier.

34. Maison du sieur Caniard, appartenant au sieur Le Roux.

35. Maison du sieur Bordier, appartenant à la d° Humblot.

36. Maison du sieur Fermont, dizenier.

37. Maison occupée par le sieur Lallement, appartenant à M. de Plainville.

38. Maison appartenant aux Minimes de Digeon et à la fabrique Saint-Eustache, occupée par le sieur Thibault.

3° *Terrier royal* (1705).

29. Maison de la Fontaine royale, à M. Huot de Maubercy.

30. Maison de l'image Saint-Christophe, à la dame Pocquelin.

31. Maison de l'image Saint-Pierre, à la dame Cadaisne.

32. Boutique à l'image Saint-Brice ; Lemercier et consorts.

33. Deux boutiques à l'image Notre-Dame ; au sieur Jean Doullet.

34. Maison du petit Saint-Jean, au sieur Poulain, apothicaire.

35. Maison du nom de Jésus, aux sieurs Dangois et consorts.

36. Maison des Deux dauphins, au sieur Prevost de Plainville, payeur de rentes.

37. Maison et deux boutiques du Pilier vert, appartenant aux Minimes de Chaillot et à Saint-Eustache par moitié.

38. Maison à l'enseigne de la Fleur-de-Lys, appartenant à Duché, Raguenet et consorts.

39. Maison faisant le coin des piliers et de la rue Comtesse d'Artois, à l'image Sainte-Agnès, au sieur de Vouges.

Il résulte de la comparaison de ces divers documents l'identification suivante entre les maisons désignées à la taxe des boues de 1637, à l'État et partition de 1684, au Terrier royal de 1705, et le numérotage officiel des petits piliers en 1844, au moment où l'édilité les démolit pour le percement de la rue Rambuteau.

AUX PILIERS DES HALLES.

Numérotage de 1844 (officiel).	Taxe des boues. 1637.	État et partition. 1684.	Terrier royal. 1705.
93	Turgis, occ. par S. Davy. Jean Pocquelin.	Huot, occ. par Peaumier. Sieurs Poclins.	Fontaine royale. Huot de Maubercy. Image St-Christophe. Dame Pocquelin.
91	Ens. de l'Écu. David, occ. par Aliénis.	D° Cadesne, occ. p. Launay.	Image St-Pierre. Dame Cadaisne.
89	Im. St-Brice. Le Cuvetier, occ. p. Jean Roux.	D° Mercier, occ. p. d° Hinard.	Image St-Brice. Lemercier et consorts.
87	Reverand, dizenier. Bouc, occ. par Jean Lambert. Sʳ Heron, occ. p. veuve Salle.	Le Roux, occ. p. Caniard. D° Humblot, occ. p. Bordier. Sʳ Fermont, dizenier.	Image Notre-Dame. Jean Doullet. Petit Saint-Jean. Poulain. Nom de Jésus. Dangois et consorts.
85 et 85 bis	Jean Guillaume, occ. par G. Duval.	Plainville, le sʳ Lallemant.	Deux dauphins. Prevost de Plainville.
83	Minimes et St-Eustache. Ch. du Moustier.	Minimes et St-Eustache, sʳ Thibault.	Pilier vert. Aux Minimes et à St-Eustache.
81	Trois pigeons, sʳ Barreau. »	» »	Fleur-de-Lys. Duché, Raguenet et cons. Image Ste-Agnès. De Vouges.

II.

Je grossirais outre mesure cette étude si j'y faisais entrer tous les documents que j'ai recueillis sur cette région du quartier des Halles. Je me borne à la compléter par quelques renseignements utiles sur la maison des Pocquelins, et je les ferai suivre par l'indication sommaire des documents que j'ai pu recueillir tant sur cette maison que sur la maison voisine, dite le Cheval blanc ou la Fontaine, qui y fut réunie en 1782 pour former la maison double expropriée en 1844.

Les documents publiés par Eudore Soulié renferment cinq désignations sommaires de la maison des piliers, de 1633 à 1700. J'en ai découvert cinq autres dans les minutes du Châtelet. Je les insère toutes ici par ordre de dates.

1° Dans le contrat de vente par Jacques Le Brun et consorts à Jean Pocquelin, le 30 septembre 1633 :

« Une maison, sise en cette ville de Paris, sous les pilliers des halles, devant le pillory, où antiennement[1] souloit pendre pour enseigne l'image de Saint-Christophle, consistant en deux corps d'hostel, l'un sur le devant et l'autre sur le derrière, cave, cour au millieu ; avec toutes ses appartenances et dependances desdictz lieux,... tenant d'une part aux héritiers du s^r Larger, d'autre à la maison du Cheval blanc, abbouttissant d'un bout par devant ès dites halles, et par derrière à la maison de la Fontayne, en la censive du roy nostre sire et chargée envers luy de douze deniers parisis de cens ; de cinq sols parisis de rente envers messieurs de la grande confrérie aux bourgeois de cette ville de Paris, et de dix sols parisis de rente envers messieurs de l'église et hospital de Saint-Jacques aux Pellerins de cette ville de Paris. »

2° Dans la sentence des criées du Châtelet de Paris du samedi 1er avril 1634[2]. En voici le texte inédit :

« Une maison seize en ceste ville de Paris soubz les pilliers des halles devant le pillori, ou soulloit estre pour enseigne l'image Saint-Christofle, en laquelle est demeurant Blaize Des-

---

[1]. Et non extérieurement comme l'a imprimé Eudore Soulié.
[2]. Arch. nat. Y 3033.

marest, et consistant en deux chambres, deux bouges l'ung sur l'autre et greniers au-dessus, lambrissé, aussi couvert de thuilles, petite cour, montée au milieu estant hors œuvres, galleries et aysancés a privez ; tenant d'une part aux héritiers du s^r Target, d'autre à la maison du Cheval blanc, abboutissant d'un bout par devant esdictes halles et par derriere à la maison de la Fontaine. »

3° Dans le bail du 31 janvier 1638 concédé par Jean Pocquelin père à Blaize Desmarestz et Jacques Moreau : « Une maison consistant en deux corps de logis, l'un devant, l'autre derrière, et cour au milieu. »

4° Dans le bail consenti par Jean Pocquelin père à son fils Pocquelin le jeune, le 14 septembre 1654 :

« Une maison où est pour enseigne l'image Saint-Christophle, sise à Paris, sous lesditz piliers des halles, consistant en deux corps de logis, l'un devant, l'autre derrière. »

5° Dans le prêt à constitution de rente fait par Jacques Rohault à Jehan Pocquelin, les 31 août et 24 décembre 1668 :

« Une maison sise à Paris, sous les pilliers des halles, vis-à-vis le pilori, proche la rue Réalle, où etoit autrefois pour enseigne l'image Saint-Christophe, consistant en boutique, chambres et autres dépendances. »

6° Dans le bail consenti par les héritiers Pocquelin à Pierre Gaubert, le 24 janvier 1695 :

« Une maison sise sous les pilliers des halles, où est pour enseigne l'image Saint-Christophe, consistant en cave, boutique, cuisine et cour, deux corps de logis, l'un sur le devant de la halle et l'autre sur le derrière, cinq étages de chambres, » etc.

7° Dans l'autre bail consenti par les mêmes au même, le 21 mai 1700 :

« Une maison sise sous les pilliers, consistant en cave, boutique, arrière-boutique, cinq étages l'un sur l'autre, puits dans ladite maison, aisance et dépendances, une poulie de cuivre avec sa potence de fer, attachée au cinquième étage. »

8° Dans la sentence d'adjudication du 8 juin 1746[1] :

« Une maison sise à Paris, sous les petits piliers des halles, vis-à-vis le pilori, proche la ruelle, à laquelle pendoit autrefois pour enseigne l'image Saint-Christophle, et à présent la Croix d'or ; occupée par le s^r Cagnat, marchand fripier ; composée d'une

---

1. Arch. nat. Châtelet, Y 2814.

boutique par bas, salle derrière icelle, petite cour entre deux; cave sous ladite boutique; cinq étages de chacun deux chambres, savoir une sur le devant et l'autre sur le derrière; escalier à rampe de fer et galeries dans ladite cour à main droite, étant, ainsi que la cour, entre le devant et le derrière de ladite maison; grenier à la mansarde au-dessus desdits étages; tenant ladite maison d'un côté et par le derrière à la maison Voisin, de l'autre côté à la maison du s[r] Delamarre où pend pour enseigne l'image Saint-Pierre. »

9° Dans la sentence d'adjudication des 24 mai, 13 décembre 1780, 7 février et 13 juin 1781 [1] :

« Une maison sise à Paris sous les petits piliers, paroisse Saint-Eustache, consistant en un corps de logis sur les halles, d'une croisée de face et élevée du rez-de-chaussée, quatre étages carrés au-dessus et d'un cinquième étage pris dans le comble, couvert d'un comble pris à deux égouts et en thuilles, avec chaîneaux, gouttières et hautes en plomb à chaque étage; cour ensuite pavée en grès; à droite de ladite cour est l'escalier en charpente et maçonnerie avec galerie ouverte sur ladite cour à chaque étage et balustre en bois. Au fond de la cour est un édifice élevé de rez-de-chaussée, cinq étages et grenier lambrissé au-dessus, couvert d'un comble à un égout et en thuilles, caves sous lesdits édifices; boutique, salle derrière icelle. »

Une curiosité de ce dossier, c'est l'affiche petit in-quarto annonçant la vente et le dépôt du cahier des charges chez Me Margantin, notaire des créanciers Pingot, rue Saint-Honoré, au coin de la rue de l'Échelle. Elle porte ces indications : « Permis d'imprimer et d'afficher, ce 4 décembre 1780, signé : LE NOIR. — De l'imprimerie F. Fr. Gueffier, rue de la Harpe. » Elle contient une nouvelle description, abrégée, mais non sans intérêt, la voici :

10° « Maison sous les petits piliers des halles, vis-à-vis le pilori; elle consiste en un corps de logis sur les halles, élevé d'un rez-de-chaussée, quatre étages quarrés au-dessus; et d'un cinquième pris dans le comble; boutique sur le devant; cour au fond de laquelle est un édifice élevé d'un rez-de-chaussée, cinq étages, grenier lambrissé, caves sous lesdits édifices. »

La maison, louée 1,200 livres, avait été estimée 15,325 livres

---

1. Arch. nat. Châtelet, Y 2914.

aux termes d'un rapport dressé le 8 novembre 1779 par l'expert Nicolas Durrel. Je transcris cette pièce naïve :

« Et une autre maison sise sous les petits piliers des halles, vis-à-vis le pilloris, occupée par un fruitier nommé Wattiaux, où étant : il auroit procédé à prendre les mesures et dimensions d'icelle tant en largeur qu'en profondeur ; et il auroit examiné ladite maison pour en reconnoître la construction et l'etat d'icelle, et fait ses calculs et operations nécessaires pour parvenir à connoître la valeur d'icelle ; d'après tout quoy et, attention faite à la largeur et profondeur de l'emplacement qu'occupe ladite maison, à ce qui est plein et vuide, à la construction et nature d'icelle, à la qualité des matériaux, à la distribution, à son état actuel, au quartier où elle est située, à sa destination particulière et au cours de tout l'an présent, il l'auroit estimée, eu égard à tout ce que dessus et sans autres charges comme dessus, la somme de quinze mille trois cent vingt-cinq livres. »

L'expert Nicolas Durrel ne se compromettait pas avec une pareille phraséologie ; mais il a perdu l'occasion unique de communiquer à la postérité les dimensions exactes de la maison qu'il était chargé d'évaluer.

Il semble, au premier abord, que ces désignations soient très différentes entre elles, et l'on pourrait, en considérant que la sentence du Châtelet de 1633 ne parlait que de deux chambres et deux bouges, tandis que les actes de 1695 à 1781 indiquent cinq étages de chambres, supposer que la reconstruction de 1668 aurait surélevé la maison. Mais on reconnaît, si l'on tient compte des différences de style, que les deux chambres et les deux bouges de 1633 signifient deux étages de chambres auxquels se superposent deux étages de bouges qui, avec le grenier lambrissé, reconstituent les cinq étages de 1695 à 1781. L'amélioration consiste uniquement en ce que les bouges, c'est-à-dire des cabinets sans cheminées, sont devenus des chambres comme celles des deux premiers étages, et qu'on a transformé le grenier en cinquième étage lambrissé.

La maison était comprise entre deux piliers, et mesurait par conséquent deux toises de façade. L'étude des divers plans que j'ai consultés permet de lui assigner environ cinq toises de profondeur.

Les diverses redevances dont la maison des piliers était grevée, 1° envers le Roi, comme seigneur ; 2° envers la Grande Confrérie aux Bourgeois; 3° envers l'hôpital Saint-Jacques aux Pèlerins, m'ouvraient trois sources de renseignements.

1° Le Terrier royal; on y trouve la trace des paiements faits par Jean Pocquelin ou ses ayants cause jusqu'aux environs de 1705[1]. Les documents ultérieurs se réfèrent tous au Terrier et semblent indiquer une sorte d'abandon ou de désuétude des droits dus au Roi[2].

2° On ne voit pas que Jean Pocquelin ni ses hoirs aient jamais payé la redevance portée au contrat de 1633 au profit de la Grande Confrérie aux bourgeois. Je n'en trouve du moins aucune trace dans les comptes de cette confrérie, qui subsistent pour les années 1706 et suivantes[3].

3° J'ai été plus heureux avec les archives de Saint-Jacques l'Hôpital, qui me fournissent des indications suivies jusqu'à l'année 1687. L'hôpital Saint-Jacques, fondé en juillet 1315, devint, à ce qu'il semble, un sujet d'inquiétudes politiques pour le gouvernement de Louis XIV, à raison du nombre d'étrangers, vagabonds et suspects, qui, sous prétexte de pèlerinage, étaient recueillis par la confrérie hospitalière. Un édit royal de décembre 1672 le supprima et le réunit à l'ordre royal de Saint-Lazare. A cette occasion, on dressa l'inventaire général des titres de Saint-Jacques[4], où j'ai rencontré des indications utiles. La réunion à Saint-Lazare fut annulée en mars 1693. Une déclaration de 1717 défendit le pèlerinage hors du royaume, et une nouvelle réunion aux ordres royaux militaires et hospitaliers du Mont-Carmel, de Saint-Lazare et de Jérusalem fut prononcée par lettres patentes d'avril et mai 1722. Il s'en suivit un nouvel inventaire dressé le 13 décembre 1724 et jours suivants[5]. Cette seconde réunion dura dix ans. Elle fut révoquée par lettres patentes du 15 avril 1734. Enfin, l'hôpital Saint-Jacques cessa définitivement d'exister à la suite d'une dernière réunion ordonnée par un édit de Louis XVI, daté du mois de mai 1781.

Après tant de vicissitudes, on s'étonne, non pas que les archives de Saint-Jacques l'Hôpital soient incomplètes, mais seulement qu'il en subsiste des débris.

---

1. Arch. nat. Q¹ 1099...
2. Arch. nat. Q¹, carton 1209-10.
3. Arch. nat. H 3303 et 3304.
4. Arch. nat. carton M 49.
5. Arch. nat. S.....

Une quatrième source de renseignements, et celle-là très abondante, m'a été ouverte par les archives de l'hôpital des Quinze-Vingts, qui, du xive au xviie siècle, posséda successivement les trois maisons de l'image Saint-Brice, de Saint-Christophe et du Cheval blanc.

Le rôle de la taxe des boues de Paris pour l'année 1637[1] nous montre, taxée à cent sols, « la maison où est demeurant Jean « Pocquelin, appartenant au sieur Pocquelin, » sous les piliers des halles commençant au Heaulme. La maison qui précède, du côté droit, appartient au sieur Turgis, et est occupée par un fripier nommé Sébastien Davy; celle qui suit, du côté gauche, porte l'enseigne de l'Escu de France; elle appartient au sieur David et est occupée par le sieur Jacques Alienis.

Dans l'État et partition de la ville de Paris pour 1684[2], la maison Pocquelin est ainsi désignée : « N° 340. La maison des « s^{rs} Poclins, par eux occupée. » Le n° 339, qui précède, est la maison du sieur Huot, occupée par le sieur Paumier, et le n° 341 qui suit, la maison de la dame Cadesne, occupée par le sieur Dauvray.

Enfin, le Terrier royal (*circà* 1705) nous fournit une notice complète sur la maison Pocquelin. Je la transcris :

« Le n° 30. Maison et boutique où est pour enseigne l'image « Saint-Christophe appartenant à la d^e Pocquelin. — Jean « Pocquelin en a passé declaration devant Le Cat et Le Roux, « notaires au Châtelet de Paris le 24 juillet 1659, receue à la « Chambre des Domaines le 26 may 1668. Chargée vers Sa « Majesté de quinze deniers obolle semie pille de cens par an, « payables au jour de Saint-Remy, cy. . o. 1. 3 obolles. »

Le n° 29, qui précède, et qui fait par conséquent le coin gauche de la rue de la Réalle, est ainsi décrit :

« Le n° 29. Maison et boutique où est pour enseigne la Fon- « taine royale, faisant l'autre coin (gauche) de la rue de la Réalle, « appartenant au s^r Huot de Maubercy, » laquelle est enregistrée en même temps comme formant le n° 9 de la rue de la Réalle.

Le n° 31, qui suit la maison Pocquelin du côté de la pointe Saint-Eustache, est :

« Le n° 31. Maison et boutique où est pour enseigne l'image

---

1. Arch. nat. KK 1020.
2. Bibl. nat. ms. fr. 8603, f° 508 v°.

« Saint-Pierre appartenant au sr Cadaisne, écuyer, conseiller
« secretaire du Roy, contrôleur général des gages et droits de la
« grande et petite chancellerie et grenetier du grenier à sel de
« Paris. »

Ces indications permettent de dresser le tableau synoptique que voici :

1637.	1684.	1705.
1. Maison Turgis.	1. Maison Huot.	1. Maison Huot de Maubercy à la Fontaine royale.
2. Jean Poquelin.	2. Les srs Poclins.	2. D{e} Poquelin, image Saint-Christophe.
3. Maison David. Enseigne de l'Escu.	3. Dame Cadesne.	3. Sr Cadaine, image Saint-Pierre.

Ceci ne rend pas raison de la désignation fournie par l'acte de vente de 1633, qui fait tenir la maison Pocquelin par derrière à la maison de la Fontaine. Voici l'explication.

Nous apprenons par le Terrier royal et par le plan y annexé que M. Huot de Maubercy, prêtre, docteur en théologie, conseiller aumônier du Roi, protonotaire du Saint Siège apostolique, oncle du propriétaire actuel (1705), possédait, outre la maison portant le n° 29 sur les petits piliers de la Tonnellerie et le n° 9 sur le côté gauche de la rue de la Réalle, une autre maison à la suite de celle-ci et portant le n° 8, laquelle passait derrière la maison Pocquelin, s'interposant ainsi entre elle et les maisons de la rue de la Grande Truanderie. Les deux maisons ou plutôt les deux corps de logis de la famille Huot portaient sans doute une même désignation, et voilà pourquoi l'on disait en 1633 que la maison Pocquelin tenait par derrière à la maison de la Fontaine royale, quoiqu'elle y tînt aussi par le côté droit.

Si l'on confère le plan du Terrier royal avec le plan de Vasserot et Bellanger, dressé de 1825 à 1830, et qui indique les maisons de chaque rue avec les numéros qui leur étaient assignés en ce temps-là, on reconnaît que la maison des Pocquelins portait aux environs de 1830, comme au jour où elle fut démolie, le n° 93 sur les petits piliers de la Tonnellerie, et qu'elle était adossée au n° 53 de la rue de la Grande Truanderie, laquelle finissait au n° 61 sur la rue Comtesse d'Artois, aujourd'hui rue Montorgueil.

APPENDICE.

I.

Extraits de documents concernant la maison à l'image Saint-Christophe.

1307, le jeudi avant la fête de saint Marc l'Évangeliste. Maison appartenant à Renault le Cherron, tenant d'une part à Nicolas Bourelier (qui fut plus tard Saint-Martin-Saint-Brice), d'autre à Jacques le Fourrier; autre maison appartenant à Jacques le Fourrier (qui fut plus tard le Cheval blanc), tenant d'une part à Renaut, de l'autre à la ruelle André Vigne. (Archives des Quinze-Vingts, n° 2508.)

1308. Samedi après la Pentecôte. Les deux mêmes maisons, devant le pilori, aboutissant toutes deux à la maison Gautier Crespel; appartenant la première à Chenaut (Renault?) de Launay, la seconde à Jacques le Fourrier. (Ibid. n° 2509.)

1446. 14 juin. Titre nouvel où la maison de l'image Saint-Christophe est dite tenir à la maison de l'image Saint-Martin, aux Halles, devant le pilori. (Ibid. n° 2495.)

1452. 24 mai. Sentence du Châtelet sur une opposition aux criées d'une maison portant l'image Saint-Christophe devant le pilori, pour 10 sols parisis de rente dus à l'hôpital Saint-Jacques. (Arch. nat. M 49, inventaire de 1676, cote 1211.)

1467. 2 octobre. Titre nouvel de la même rente passé par Robert de Lores sur la maison de l'image Saint-Christophle aux halles, vis-à-vis le pilori. (Ibid. cote 1213.)

1500. 1er décembre. Titre nouvel par les Quinze-Vingts de 10 sols parisis de rente sur la même maison. (Ibid. cote 1222.)

1521. 27 janvier. Sentence du Châtelet qui condamne les Quinze-Vingts pour arrérages dus à l'hôpital Saint-Jacques. (Ibid. cote 1227.)

1568. 13 août. Titre nouvel passé par Edme du Massier de 10 s. p. de rente envers l'hôpital Saint-Jacques. (Ibid. cote 22.)

28 janvier 1583. Bail par l'hôpital des Quinze-Vingts à Hémond Dupressoir pour neuf ans à partir de Pâques, moyennant 90 livres par an. (Arch. des Quinze-Vingts, n° 2512.)

1606. 6 juin. Titre nouvel par Nicolas de Courcelles pour 10 s. p. de rente envers l'hôpital Saint-Jacques. (Arch. nat. M 49, inventaire de 1676, cote 22 *bis*.)

1633. 30 septembre. Vente de l'image Saint-Christophe à Jehan Pocquelin par Jacques le Brun, marchand mercier, Denise Hanoyer, sa femme, Ambroise Plantin, maître brodeur, Jeanne Gaboureau, sa femme, Jean de Courcelles, fille majeure, et Claude Lemaître, maître brodeur, tuteur des enfants de lui et de sa défunte femme Sébastienne Morpaus. (Voir l'acte entier ci-après.)

1634. 1er avril. Sentence de décret du Châtelet de Paris, qui adjuge ladite maison à Jehan Pocquelin père.

1637. « La maison où est demourant Jean Pocquelin, appartenant « au sieur Pocquelin, taxée cent solz. » (Taxe des boues, Arch. nat. KK 1020.)

1638. 31 janvier. Bail par Jean Pocquelin de la maison des piliers des halles à Blaise Desmarets et Jacques Moreau, marchand fripier, pour cinq ans, de la Saint-Jean 1638 à la Saint-Jean 1643, moyennant 550 l. t. par an. (Lemercier et Chapellain, notaires, aux minutes de Me Thomas.)

1654. 14 septembre. Bail de la maison Saint-Christophe par Jean Pocquelin à son fils Pocquelin le jeune, moyennant cinq cents livres de loyer par an, pour cinq ans. (Acte devant Buon, aux minutes de Me Gastine.)

1559. 24 juillet. Déclaration passée par Jehan Pocquelin père à cause du cens dont ladite maison est chargée envers le Roi. (Pardevant Lecat et Leroux, notaires.)

1659. 7 août. Réception de la déclaration précédente par la Chambre souveraine des Domaines, signée Blanchart (au bas de l'acte précédent).

1668. 26 mai. Réception de la même déclaration en la Chambre du Trésor, signée Heron. (Inventaire du 14-19 avril 1670.)

1668. 31 août et 24 décembre. Constitution de 500 livres de rente par Jean Pocquelin le père à Jacques Rohault, moyennant 10,000 l. avec hypothèque sur la maison et subrogation au privilège de constructeur. Reconnaissance par Jacques Rohault qu'il est le prête-nom de Molière. (Actes reçus Gigault et Lenormant, aux minutes de Me Schelcher.)

1676. Je trouve dans un carton de mélanges, contenant un inventaire des titres de l'hôpital Saint-Jacques, en 1676, la mention suivante :

« Cote 22. (Vacation du 21 décembre.) Deux tiltres nouveaux des « xiije aoust 1568 et dernier mars 1639, le premier passé par Edme « du Massier et l'autre du dernier mars 1639 par Jean Pocquelin, de « dix sols parisis de rente à prendre sur la maison seize soubz les pil- « liers des halles, devant le Puylory, ou estoit pour enseigne l'image « Saint-Christophe. »

Enfin, le même inventaire enregistre encore sous la cote 2939 :

« Sept pièces tant en papier qu'en parchemin qui sont anciens titres « nouvels, procedures et arrests de la Chambre royale du 22 décembre « 1687, valant titre nouvel de 12 s. 6 deniers de rente sur une maison « aux piliers des halles devant le pillory, où est pour enseigne l'image « Saint-Christophle. »

1684. « N° 340. La maison des s^rs Poclins par eux occupée. » (État et partition. Bibl. nat. ms. fr. 8603, fol. 508 v°.)

1687. 22 décembre. « Dossier de sept pièces tant en parchemin qu'en « papier qui sont anciens titres nouvels, procédures et arrêts de la « Chambre royale du 22 décembre 1687, valant titre nouvel au pro- « fit de Saint-Jacques l'Hôpital, de 12 s. 6 deniers de rente sur une « maison aux pilliers des hales devant le Pillory, où estoit pour « enseigne l'image Saint-Christophe; » inventorié sous le n° 2939 dans un inventaire sans date des titres de Saint-Jacques l'Hôpital. (Arch. nat. S 4872.)

1695. 24 janvier. Bail de la maison par les héritiers Pocquelin à Pierre Gaubert, marchand fripier, pour six ans, moyennant 750 livres par an. (Acte reçu Desforges et Prieur, aux minutes de Me Turquet.)

1700. 21 mai. Autre bail par les mêmes au même pour six ans, moyennant 900 livres par an, plus un pain de sucre et deux livres de bougie une fois payés. (Acte reçu Desforges et Touvenot, aux minutes de Me Turquet.)

1705. « Maison et boutique où est pour enseigne l'image Saint- « Christophe, appartenant à la d^e Pocquelin. Jean Pocquelin en a « passé déclaration devant Lecat et Le Roux, notaires au Châtelet de « Paris, le 24 juillet 1659, receue à la Chambre des domaines le 26 may « 1668. Chargée envers Sa Majesté de quinze deniers obolles semi « pille de cens par an, payables au jour de Saint-Remy. o. 1. 3. obolles. » (Terrier royal, Arch. nationales, Q^1 1099, 7.)

1705. 29 juillet. La maison est estimée 18,000 livres, dans l'état des biens de Magdeleine Pocquelin de Molière annexé à son contrat de mariage avec M. de Montalant. (Passé devant Gaillardie et Bailly, aux minutes de Me Robin.)

1724. 12 janvier. Vente par M. de Montalant à Me Jean Gagnat, procureur au Parlement[1], de la moitié d'une maison sise sous les piliers des halles, vis-à-vis le pilori, moyennant 8,200 livres, par contrat devant Fromont et Vatry, qui en a minute[2].

1726. 27 mars. Mémoire de réparations à ladite maison, arrêté par M. de Montalant et le s^r Chapuis, exécuteur testamentaire et légataire universel dudit Montalant[3].

1734. 9 février. Quittance de 111 livres pour les droits de centième

---

1. Me Gaignat, de Nevers, successeur de Me Henry, rue Saint-André-des-Arts. *Almanachs royaux*.

2. Inventaire des 15 et 16 septembre 1738, après le décès de M. de Montalant. Eud. Soulié. *Rech.* document LXV, p. 355.

3. Ibid. p. 358.

denier dus pour ladite maison à raison de la donation à lui faite par la dame son épouse [1].

1744. 29 avril, 9 mai et 10 juillet. Procédure et sentence au parquet des requêtes de l'hôtel, repoussant une demande en licitation d'Élisabeth Pocquelin contre Gagnat.

1745. 6 mars. Arrêt du Parlement qui casse la sentence précédente et renvoie les parties devant le Châtelet [2].

1745. 18 juin. Sentence du Châtelet qui ordonne la licitation entre les héritiers Gagnat et Élisabeth Pocquelin [3].

1746. 8 juin. Sentence du Châtelet de Paris portant adjudication sur licitation d'une maison sise à Paris sous les piliers des halles, vis-à-vis le pilori, où pend pour enseigne la Croix d'or, et ci-devant pendoit l'image Saint-Christophe, tenant d'un côté et par le derrière à la maison Voisin (héritiers Huot) et de l'autre côté à la maison du s^r De la Marre (anc. maison Cadaine), où pend pour enseigne l'image Saint-Pierre. Lad. sentence rendue entre Marie-Élizabeth Pocquelin, fille majeure, demeurant à Paris, rue Transnonain, et Jean-Louis Gagnac, receveur des assignations [4], au profit de Gilles Pingot, maître tapissier ; moyennant 18,050 livres ; louée à Cagnat, marchand fripier, qui pourra emporter l'enseigne de la Croix d'or à l'expiration de son bail [5].

1746. 1er juillet. Ensaisinement de l'adjudication ci-dessus et paiement par Gilles Pingot de 1,156 livres 5 deniers pour lods et ventes au Roi [6].

1769. 12 septembre. Déclaration sous signature privée du 11, d'où il appert que... Pingot, bourgeois de Paris, est propriétaire pour moitié de ladite maison des petits piliers, portant le n° 30 du Terrier royal, à l'enseigne de la Croix d'or, en qualité d'héritier de Pierre-François Pingot, son frère mineur, décédé.

1781. 7 février. Adjudication de la maison des piliers des halles, par licitation entre les héritiers et les créanciers de Jean-Gilles Pingot, conseiller du Roi, contrôleur des tailles de la maison du Roi, et Marguerite Adam, sa veuve, à Jean Prevost, fruitier oranger, demeu-

---

1. Ibid. *ibid.* M. de Montalant mourut le 4 juin 1738, âgé de quatre-vingt-douze ans et quatre mois.
2. Arch. nat. X 7546. Élisabeth Pocquelin y est dénommée Pasquelin.
3. Arch. nat. Y 1217.
4. M. Gaignat, receveur des consignations près la seconde chambre des requêtes du Palais, rue Saint-Nicaise. *Alm. royal.*
5. Arch. nat. Châtelet, Y 2814.
6. Registre des ensaisinements tenu par Jacques Le Richer, conseiller du Roy, receveur général des domaines et bois de la généralité de Paris. Arch. nat. P 1248, f° 3 v°, art. 26.

rant à Paris sous les piliers des potiers d'étain, moyennant 13,700 l. (Châtelet, Y 2914.)

1782. 2 août. Par contrat devant Lagrenée, Jean Prevost et sa femme, Marie-Antoinette Duval, achètent de François-Ambroise Didot, libraire, et d'Antoinette-Charlotte Voisin, son épouse, l'ancienne maison de la Fontaine royale, attenante à celle des Pocquelins.

Les deux maisons sont démolies et reconstruites en une seule.

Acte d'acquisition de la maison de l'image Saint-Christophe, par Jean Pocquelin.

30 septembre 1633.

Par devant les notaires et garde nottes du Roy au Chastelet de Paris soubsignez, furent presens honorables personnes Jacques Le Brun, m^d mercier, et Louise Hanoyer, sa femme, de lui autorisée à l'effet des presentes, demeurant faulxbourg St-Honoré en la maison où pend pour enseigne l'Escharpe, paroisse St-Roch; Ambroise Plantin, marchant brodeur, bourgeois de Paris, et Jehanne Gaboureau, sa femme de luy autorisée à l'effet des presentes; Jehanne de Courcelles, fille majeure, usant, jouissant de ses droits, demeurant pareillement en cette ville de Paris, au logis et service de M. Arnoul de Nouveau général des postes, rue des Blancs-Manteaux, paroisse St-Jehan en Grève; et Claude Lemaistre, aussi marchant brodeur à Paris, demeurant rue Tirechappe, paroisse St-Germain l'Auxerrois, au nom et comme tutteur des enffans mineurs de lui et de deffuncte Sebastienne Morpaus, sa femme;

Lesquels ont vollontairement recongneu et confessé, recongnoissent et confessent avoir vendu, ceddé, quitté, transporté, et par ces presentes vendent, ceddent, quittent, transportent et delaissent dès maintenant et à tousjours promettant chacune desdictes partyes en leur regard : ledit s^r Lebrun et sa femme, Plantin et sa femme aussi chacun à leurs regards; lesquelz et chacun d'eulx seuls et pour le tout sans division ni reserve, renonçant au beneffice de la dicte division et fideijussion, garantye de tous troubles, dons, douaires, hypotheques ou autres empeschements generallement quelconques

A honorable homme Jehan Pocquelin, tapissier ordinaire de la maison du Roy, demeurant à Paris, rue St-Honoré, paroisse St-Eustache, à ce present et acceptant, acquereur pour luy et ses hoirs et ayant cause;

Une maison sise en ceste ville de Paris, soubz les pilliers des halles, devant le pillory, où antiennement soulloit pendre pour enseigne l'Image de St Christophe; consistant en deux corps d'hostel, l'un sur le devant et l'autre sur le derrière, cave, cour au millieu et avec toutes ses appartenances et deppendances desdictz lieux, ainsi qu'ils se poursuivent et comportent de toutes parts et de fond en comble ; tenant d'une part aux heritiers du sʳ Targer et d'autre à la maison du Cheval blanc, abboutissant d'un bout par devant aux dites halles et par derrière à la maison de la Fontayne ; en la censive du roy nostre sire et chargée envers luy de douze deniers parisis de cens payables au jour qui dit est ; de cinq solz parisis de rente envers messieurs de la grande confrérie aux bourgeois de cette ville de Paris, et de dix solz parisis de rente envers Messieurs de l'eglise et hospital de Saint-Jacques aux pellerins de celle ville de Paris si tant il en est deu ; le tout pour chacun an ; touttes et aultres charges franches et quittes.

Icelle dicte maison auxdicts vendeurs, appartenant, sçavoir aud. sʳ Jacques Le Brun et sa femme un tiers de la moictié d'icelle maison, *id est* un sixiesme au total par eux acquis dud. Claude Lemaistre et de la dame Sébastienne Morpaus sa femme par contrat passé devant Collé et Sevestre, notaires audict Chastelet le dix-septiesme jour de juing mil six cens seize, ratifié par ladite Sébastienne Morpaus par devant lesdits notaires, le vingt-sixiesme janvier ensuivant mil six cens dix-sept, et auxquels Lemaistre et sa femme ledict tiers appartenoit à cause de la succession de feu Pierre Morpaux, pere de ladite Sébastienne Morpaus. Et trois cinquiesmes et un demi cinquiesme de l'autre moitié de ladite maison, restant de la succession de feue Marguerite Prins, au jour de son decez veuve en premieres noces dudit feu Pierre Morpaus ; lesdits trois cinquiesmes et ung demy cinquiesme auxdicts Le Brun et sa femme appartenant, sçavoir un cinquiesme à eux delaissé de ladite Denys Hanoyer comme heritiere pour un cinquiesme de ladite Marguerite Prins sa mere ; et ung quart et ung cinquiesme comme heritière pour ung quart de feu Noël Morpaus, son frère utérin qui etoit pareillement heritier pour un cinquiesme de ladite Prins sa mère, et ung aultre cinquiesme auxdits Le Brun et sa femme appartenant à cause de l'acquisition par eulx faicte desdicts Lemaistre et sa femme par ledit contrat dudict jour dix septiesme juing 1616 ci-devant datté ; ung aultre cinquiesme et un quart et ung aultre cinquiesme auxdicts Le Brun et sa femme appartenant à cause de la donnation faicte à ladicte Hanoyer par contrat passé par devant Turgis et Morel, notaires audit Chastelet de Paris, le quatorziesme juing 1613, par Nicolas Morpaus, lequel estoit aussy heritier pour ung cinquiesme de ladicte deffuncte Prins, sa mère et pour ung quart ... cinquiesme dudict deffunt Morpaus, son frère.

Auxdicts Ambroise Plantin et Jehanne Gaboureau, sa femme, un quart au total de ladicte maison faisant moictié de la moictié d'ycelle maison provenant du propre de son dict frère Pierre Morpaus et par eulx acquis dudict Nicolas Morpaus et Magdeleine Daunaye sa femme, par contrat passé pardevant Huart et Leroux, notaires audict Chastelet le neufviesme jour de juing 1603; et auquel Nicolas Morpaus et Daunaye sa femme ledit quart appartenoit comme estant ledict Nicolas Morpaus héritier pour un tiers dudict deffunct Pierre Morpaus son pere, et pour la moictié d'ung tiers de deffunct Noël Morpaus son frère, auquel il appartenoit comme héritier dudict feu Pierre Morpaus son père.

A ladicte Jehanne Courcelles ung cinquiesme en la moictié de ladicte maison comme héritière pour un cinquiesme de ladicte Prins, sa mère, et ung quart et ung aultre cinquiesme comme héritière pour ung quart d'ung cinquiesme dudict Noël Morpaus son frère.

Et audict Claude Le Maistre audict nom ung aultre quart en ung cinquiesme comme estant heritiere par représentation de ladite Sebastienne Morpaus mère dudict deffunct Noël Morpaus son oncle, auquel appartenoit comme dict est ung cinquiesme en la moictié de ladicte maison, comme heritière de ladicte deffuncte Prins, sa mère.

Ledict tiers appartenant au sieur Lebrun et sa femme

Ledict quart appartenant audit sieur Plantin et sa femme

Et lesdicts deux sixiesmes auxdits mineurs faisant la moictié de ladicte maison estant... dudict feu Pierre Morpaus

Lesdicts trois cinquiesmes et ung demy cinquiesme appartenant auxdits sieurs Lebrun et sa femme

Ledict cinquiesme et ung quart et ung aultre cinquiesme appartenant à ladicte Jehanne de Courcelles, et ledict quart et ung cinquiesme appartenant auxdicts mineurs Le Maistre, faisant l'aultre moictié de ladicte maison provenant de ladicte   de deffuncte Marguerite Prins.

Promettant, subbrogeant, etc. Pour ycelle maison à luy cydessus vendue et delaissée jouir, faire et disposer, etc., et a commencer ladicte jouissance du jour Saint Remy prochain venant.

La vente faicte à la charge desdicts acquereurs de laisser jouir Blaise Desmarest, marchant fripier, demeurant en ladicte maison pendant le temps restant de bail à luy faict d'ycelle maison par lesdicts s^{rs} Lebrun et Plantin pour cinq ans, commençant au jour Saint-Jehan Baptiste, dont il reste quatre ans neuf moys, moyennant cinq cents livres tournois de loyer pour chacune année et aux charges, clauses et conditions portees par ledict bail que ledict acquereur a dit bien connoistre pour luy avoir esté communicqué;

Et en oultre moyennant le prix et somme de huit mille cinq cents livres tournois que ledict s^r Pocquelin promet et s'oblige par les presentes bailler et payer auxdicts vendeurs esdicts noms chacun pour leurs parts et portions ou aultres personnes en leurs acquits, ainsi qu'il sera dit cy après, dès que le decret cy après stipullé de ladicte maison sera faict, signé et scellé.

....

Et pour l'execution des presentes les partyes ont eslu et eslisent leur domicile en ladicte ville de Paris, sçavoir lesdicts Lebrun et sa femme, Lemaistre audict nom, ledict Morpaus et sa femme, et Jehanne de Courcelles en la maison de M⁰ Pierre Patin, procureur au Chastelet de Paris, size rue des Menestriers, paroisse Saint-Nicolas-des-Champs;

Ledict Plantin et sa femme en la maison où ils sont demeurans où pend pour enseigne le Sauvage, paroisse Saint-Eustache;

Et ledict Pocquelin en la maison où il est à present, ci-devant declarée, où pend pour enseigne le Pavillon, paroisse susdite Saint-Eustache;

Auxquels lieuz ils veulent et consentent que tous actes de justice, etc.

Faict et passé en l'étude de Lemercier, l'ung des notaires soubsignez, pour ladicte Jehanne de Courcelles le quinziesme jour de septembre, pour lesdicts Lebrun et sa femme, Plantin et sa femme, Lemaistre et Morpaus, sa femme, ce jourd'huy dernier jour du present mois de septembre après midy, l'an mil six cens trente trois.

Bail de la maison de l'image Saint-Christophe par Jean Pocquelin.
31 janvier 1638.

Par devant les notaires garde-nottes du Roy au Chastelet de Paris soubsignez fut present en sa personne honorable homme Jean Pocquelin, tapissier vallet de chambre du Roy, demeurant à Paris rue Saint-Honoré paroisse Saint-Eustache

Lequel a reconnu et confessé avoir baillé et delaissé à tiltre de loyer à prix d'argent du jour de feste de Saint-Jehan prochain venant, jusques à cinq ans après ensuivant finir et accomplir et promet et garantit le faire jouir durant ledit temps

A honorables hommes Blaise Desmaretz et Jacques Moreau, marchands fripiers à Paris, y demeurant, à ce presens, preneurs audict tiltre pour eux pendant icelluy temps

Une maison appartenant audict bailleur consistant en deux corps de logis l'ung devant l'aultre derrière et cour au milieu, lesdicts lieux ainsi qu'ils se poursuivent et comportent, dont lesdicts preneurs se sont tenus et tiennent pour contens pour les bien sçavoir et cognoistre, mesme ledict sieur Desmaretz l'ung d'iceux preneurs y est à present demeurant, size sous les pilliers des halles où pend pour enseigne l'image de Saint Christophe

Pour en jouir, etc.

Cestuy bail est pris et faict moyennant cinq cens cinquante livres tournois de loyer pour et par chacune desdictes cinq années que lesdits preneurs ont promis, promettent, s'obligent l'ung pour l'aultre, et chacun d'eux seul et pour le tout, sans diminution ni discussion, renonçant aux benefices et exceptions, etc.

Et payer au bailleur ou au porteur en sa maison en cette ville de Paris, aux quatre termes de l'an à Paris accoutumez, dont le premier d'iceux sera au jour de Saint-Remy prochain venant.

. . . .

Faict et passé en l'estude de Lemercier, l'ung d'iceux notaires soub-signez, l'an mil six cens trente huict le trente uniesme et dernier jour de janvier. Et ont signé :

    J. Pocquelin.   Desmarestz.   J. Moreau.
    Chapellain.   Lemercier.

II.

Inventaire de documents concernant les maisons du Cheval blanc et de la Fontaine royale.

1307. Deux maisons contiguës, l'une à Renault le Cherron, tenant d'une part à Nicolas Bourelier, d'autre à Jacques le Fourrier; l'autre maison à Jacques le Fourrier, tenant d'une part à Renaut, d'autre à la ruelle Andri Vigne. La seconde de ces maisons est celle qui fut plus tard le Cheval blanc; la première portera dans le siècle suivant l'image Saint-Christophe. (Arch. des Quinze-Vingts, n° 2508.)

1308, samedi après la Pentecôte. Vente par les frères Nisi le Pelletier à Jehan le Pelletier le Viel, mercier, de 50 s. p. de rente sur deux maisons contiguës sises aux halles, devant le pilori, aboutissant toutes deux à la maison Gautier Crespel, l'une appartenant à Chenault (Renault?) de Launay, l'autre à Jacques le Fourrier. (Ibid. n° 2509.)

1308, samedi après la sainte Croix de septembre. Contrat de vente par Jean de Dampierre à Maugié de Bayeux et Tiphaine, sa femme, de 24 s. p. de rente et 8 s. p. de rente sur une maison assise ès halles devant la petite fontaine, moyennant 12 livres petits parisis forte monnaie. (Arch. de Saint-Jacques l'Hôpital, inventaire de 1676, cote 1180, aux Arch. nat. M 49.)

1313, vendredi après la Saint-Grégoire. Contrat de vente par Bertrand de Dampierre à Nicolas de Dampierre et Agnès sa femme, de 40 s. p. de rente après 12 livres parisis, sur une maison devant la fontaine des halles, au coin de la ruelle feu Jehan Bigne, moyennant 18 livres parisis. (Ibid. cote 1181.)

1314, samedi après Saint-Luc. Vente par Nicolas de Dampierre de 40 s. p. de rente après 12 livres parisis sur ladite maison, à Maugier de Bayeux, moyennant 18 livres parisis. (Ibid. id.)

1315, dimanche de la Saint-Clément. Vente de 6 s. p. de rente sur la maison devant la fontaine par Thomas Hallé et Thomasse sa femme, à Jehan le Grand. (Ibid. cote 1238.)

1328, veille de la Pentecôte. Pierre le Noir et Ameline sa femme, acquéreurs de 10 s. p. de rente sur ladite maison, appartenant à Lambert le Fromagier. (Ibid. cotes 1182, 1183, 1184.)

1373, samedi après la fête du Saint-Sacrement. Sentence du prévôt de Paris qui adjuge aux Quinze-Vingts ladite maison sise aux halles, tenant d'une part à la petite ruelle Jean Vigne, à raison de 56 s. p. de rente. Opposition par les religieuses du Moncel pour 35 s. p.; par Jean de Lyons pour 4 livres parisis; par les Cordelières du faubourg Saint-Marcel pour 9 s. 2 d. (Archives des Quinze-Vingts, n° 2531.)

1374, 5 juillet. Jean de Lyons opposant aux criées; la maison est dite tenir d'un bout à Pierre Lefèvre dit le Grossier, d'autre faisant le coin de la ruelle Jean Vigne, aboutissant (par derrière) à Raoul de Saint-Germain. (Ibid. n° 2533.)

1374, 13 avril. Jean de Lyon condamné à garnir ladite maison, sise aux halles devant la fontaine, tenant à la ruelle Jean Vigne. (Ibid. n° 2532.)

1405, 15 décembre. Sentence du Châtelet qui condamne Robert Courtin à payer aux maîtres et gouverneurs de l'hôpital Saint-Jacques 30 s. p. de rente sur une maison devant le pilori, faisant le coin d'une petite rue qui va en la rue de la Truanderie. (Arch. Saint-Jacques, inventaire de 1676, cote 1265.)

1415, 8 avril. Sentence du prévôt de Paris qui condamne Hennequin Jamet, garant de Girard de Bruyères, à garnir une maison aux halles, tenant à Yvon Colin, aboutissant à Guillaume Lescot. (Arch. des Quinze-Vingts, n° 2534.)

1416, 23 mars. Vidimus d'un bail à rente du 5 juillet 1374. Jean de Lyon. (Ibid., n° 2538.) La maison tient d'une part à Pierre Lefebvre dit le Grossier, d'autre au coin de la rue Jean Vigne, aboutissant à Raoul de Saint-Germain.

1416, 23 mai. Sentence du Châtelet qui déclare une rente de 35 s. parisis due aux religieuses du Moncel lès Pont Saint-Messance sur ladite maison, antérieure à celle de 30 s. parisis due à l'hôpital Saint-Jacques. (Arch. Saint-Jacques, inventaire de 1671, cote 1265.)

1417, 30 juin. Sentence du prévôt de Paris qui condamne Marmot de Savayes à garnir la maison aux halles tenant à Yvon Colin et aboutissant à Guillaume Lescot. (Arch. des Quinze-Vingts, n° 2535.)

1417, 1er février. Renonciation de Savayes. (Ibid. n° 2536.)

1417, 17 juillet. Sentence du prévôt de Paris qui condamne Robert Courtin à garnir la maison. (Ibid. n° 2537.)

1425, 21 février. Vente de ladite maison par Imbert de Chapt à Thomas Rustinguie. (Arch. de Saint-Jacques, inventaire de 1676, cote 1201.)

1441, 15 juillet. Lettres royaux portant commission au prévôt de Paris d'établir un commissaire sur les loyers d'une maison située aux halles de Paris, devant le pilori, au coin de la ruelle Jean Vigne, portant l'enseigne du Cheval blanc, dont les criées ont été requises par les Quinze-Vingts. (Arch. des Quinze-Vingts, n° 2538.)

1441, 5 août. Sentence du prévôt de Paris qui désigne le commissaire à cet effet. (Ibid. n° 2539.)

1443, 15 juin. Sentence du prévôt de Paris qui reconnaît le droit des Quinze-Vingts de prendre 56 s. p. de rente sur la maison du Cheval blanc. (Ibid. n° 2540.)

1443, 31 décembre. Sentence du Châtelet qui déboute la grande confrérie des bourgeois de son opposition aux criées de la maison du Cheval blanc devant le pilori. (Arch. de Saint-Jacques, cote 1265.)

1445, 14 février. Donation faite par Guillaume Lescot à l'église et hôpital Saint-Jacques d'une masure rue Jehan Vigne, attenant à la maison du Cheval blanc. (Ibid.)

1449, 20 septembre. Acquisition par l'hôpital Saint-Jacques de la propriété d'une maison à l'enseigne du Cheval blanc, devant le pilori. (Ibid. id.)

1449, 13 décembre. Rachat par ledit hôpital de la rente due aux religieuses du Moncel. (Ibid. id.)

1454, 5 juillet. Vente par lesdites religieuses audit hôpital de 35 s. p. de rente sur le Cheval blanc. (Ibid. id.)

1455, 14 juin. Sentence du prévôt de Paris qui décharge les Quinze-Vingts d'une demande en rachat formée contre eux par Charles Baron, propriétaire de la maison du Cheval blanc. (Arch. des Quinze-Vingts, n° 2542.)

1468, 5 juillet. Sentence du Châtelet qui condamne Berrot de Malegueheu à payer 4 s. p. de rente sur la maison du Cheval blanc aux halles, vis-à-vis le pilori. (Arch. de Saint-Jacques, inventaire de 1676, cote 1218.)

1483, 3 mai. Titre nouvel passé devant Pileur, notaire. Guillaume David reconnaît être propriétaire de la maison du Cheval blanc, tenant aux héritiers Gervaise Larcher, par derrière à l'hôtel du Paon, chargée de 56 s. p. envers les Quinze-Vingts. (Arch. des Quinze-Vingts, n° 2543.)

1500, 13 janvier. Titre nouvel par Michel de Sirot de 4 s. p. de rente sur le Cheval blanc. (Arch. de Saint-Jacques, cote 1223.)

Sans date. Titre nouvel par le même, désigné cette fois sous le nom de Michel de Cyrois, pour la même cause. (Ibid. cote 1229.)

1562, 21 janvier. Titre nouvel par Jean Vimont, propriétaire du Cheval blanc. (Arch. des Quinze-Vingts, n° 2544.)

1570, 27 octobre. Titre nouvel par les enfants de Jean Vimont. (Ibid. n° 2545.)

1573, 1er septembre. Vimont, Roch Biset et Edmond Dupressoir reconnaissent être propriétaires de ladite maison. (Ibid. n° 2546.)

1587, 18 septembre. Titre nouvel par Roch Biset, Edmond Dupressoir et Pierre Chavanereau, qui se reconnaissent propriétaires, pour une moitié à ce dernier, l'autre moitié aux deux autres, de ladite maison. (Ibid. n° 2547.)

1600, 7 septembre. Surcharge mise par le prévôt de Paris à la criée de la maison du Cheval blanc. (Ibid. n° 2548.)

1633, 30 septembre. Dans le contrat d'acquisition de la maison de l'image Saint-Christophe par Jean Pocquelin, la maison de droite du côté de la rue de la Réale est appelée la maison du Cheval blanc.

1637. On n'indique par d'enseigne : la maison appartient au sieur Turgis et est occupée par un fripier nommé Sébastien Davy. (Taxe des boues, Arch. nat. KK 1020.)

1668, 26 juillet. Exploit portant sommation au sieur Huot, propriétaire de la maison du Cheval blanc ou de la Fontaine, de payer aux Quinze-Vingts la somme de 14 livres pour quatre années d'arrérages de 70 s. t. (Arch. des Quinze-Vingts, n° 2549.)

1684. La maison enregistrée sous le n° 339 appartient au sieur Huot et est occupée par le sieur Paumier. (État et partition de la ville de Paris. Bibl. nat. ms. fr. 8603, fol. 508 v°.)

Circà 1705. La maison porte pour enseigne la Fontaine royale, elle est enregistrée sous le n° 29 des piliers et sous le n° 9 de la rue de la Réale.

Le Terrier royal et le plan y annexé nous apprennent que M. Huot de Maubercy, prêtre, docteur en théologie, conseiller, aumônier du roi, protonotaire du Saint-Siège apostolique, oncle du propriétaire actuel (1705), possédait, outre la maison ci-devant du Cheval blanc et maintenant de la Fontaine royale, une autre maison à la suite de celle-ci, enregistrée sous le n° 9 de la rue de la Réale. Cette dernière maison, qui a pris évidemment la place de la masure donnée le 14 février 1445 par Guillaume Lescot à l'hôpital Saint-Jacques, laquelle attenait à la maison du Cheval blanc, passait derrière la maison Poquelin, s'interposant entre celle-ci et les maisons de la rue de la Grande Truanderie. Ceci nous explique comment l'acte de vente du 30 septembre 1633 dit que la maison Pocquelin tient par derrière à la maison de la Fontaine royale, quoiqu'elle y tînt aussi par le côté droit, désigné par son ancienne enseigne du Cheval blanc. M. Huot de Maubercy avait fait la déclaration de ses deux maisons par-devant Duchesne, notaire, le 20 mars 1658, reçue le 1er juillet 1659 en Chambre souveraine et le 12 décembre 1702 en Chambre des domaines.

1696, 12 novembre. Titre nouvel passé devant Renaud et Delambon, notaires, par lequel Nicolas Huot sieur de Maubercy reconnaît que, comme donataire de Nicolas Huot, il est propriétaire de la maison qui avait précédemment pour enseigne le Cheval blanc, et pour lors la Fontaine royale. (Arch. des Quinze-Vingts, n° 2550.)

1707. Titre nouvel de 3 liv. 10 s. de rente aux Quinze-Vingts passé par les sieur et dame Convers devant Laberche, notaire. (Ibid. n° 2551.)

1724, 26 octobre. Titre nouvel passé devant Delaballe et son confrère, par lequel Charles Bonneau, charpentier, demoiselle Convers, sa femme, et demoiselle Antoinette Convers, fille mineure émancipée, reconnaissent être propriétaires : savoir les sieur et dame Bonneau d'une maison sise rue de la Réale, près les halles, et la demoiselle Antoinette Convers d'une autre maison sise sous les piliers de la Tonnellerie, faisant l'encoignure de la rue de la Réale, tenant d'un bout à la dame de Montaton et aux héritiers Pocquelin, et par derrière à la maison ci-dessus désignée. (Ibid. n° 2552.)

1749, 17 septembre. Commandement au sieur Voysin et consorts, propriétaires des deux maisons. (Ibid. n° 2553.)

1749, 17 octobre. Titre nouvel par M. et Mme Bonneau et consorts pour les deux maisons. (Ibid. n° 2555.)

1763, 7 novembre. Par-devant Dubois, inventaire de la succession de Marie-Antoinette Convers, décédée veuve de Charles Voysin, propriétaire de la maison du Cheval blanc.

1764, 4 avril. Devant Dubois. Partage de la succession de madame veuve Voisin. La maison est attribuée à sa fille Antoinette-Charlotte Voisin, femme de François-Ambroise Didot, libraire.

1782, 2 août. M. et Mme Didot vendent la maison, par contrat devant Lagrenée, à Jean Prevost, fruitier, et Marie-Antoinette Daval, sa femme.

La maison est ensuite démolie, en même temps que celle des Pocquelins, et, sur leur emplacement, s'élève la maison double qui suit :

III.

Inventaire des documents concernant la maison double.

1782 et années suivantes. Jean Prevost et Marie-Antoinette Daval, sa femme, propriétaires de la maison de l'image Saint-Christophe, par adjudication au Châtelet du 7 février 1781, et de la maison du Cheval blanc, par contrat devant Lagrenée le 2 août 1782, les font démolir, et, sur leur emplacement, construisent une maison double, qui comprend deux entre-piliers en façade sur les halles.

1806, 9 mai. La maison passe aux héritiers de M. et Mme Prevost, savoir : Jean-Henri Prevost, propriétaire, demeurant près Rouen, Eugénie Prevost, Edme-Leonard Prevost, ancien marchand épicier, Paul-Gaspard Prevost, négociant, Françoise-Eugénie Prevost, Jean-Auguste Prevost, marchand mercier, Marie-Euphrasie Prevost, femme de Jean-Amable Bobin, Marie-Antoinette Prevost, femme de Jean-Leonard Bobin, négociant, chacun pour un huitième.

1811, 21 décembre. Adjudication à l'audience des criées du tribunal de la Seine, sur licitation entre les susnommés, au profit de Jean-Leonard Bobin et de sa femme Marie-Antoinette Prevost.

1816, 24 février. Vente de ladite maison par M. et Mme Bobin, devant Mes Laisné et Bacq, moyennant 40,000 francs, à M. Langereau, marchand de vins, et Angelique-Louise Desclus, sa femme.

1823, 1er juillet. Devant Me Levert, notaire à Belleville. Bail par les sieur et dame Languereau, à Henriette-Victoire Dauvergne, veuve de Gilles-Joseph Desnoyers, marchand de vins traiteur, pour dix-huit années, moyennant 4,400 fr. de loyer.

1823, 31 juillet. Contrat devant Me Chambette. Vente de ladite maison par les sieur et dame Langereau, à Nicolas-Gabriel Burtin, moyennant 57,800 francs.

1829, 2 août. Adjudication à l'audience des criées du tribunal de la Seine, par licitation entre les héritiers de Nicolas-Gabriel Burtin, savoir : Joséphine-Mélanie et Nicolas-Auguste Jouan, mineurs, légataires universels, et Catherine Burtin, épouse du sieur Toussaint Bon, Jean-Baptiste Burtin, Marie-Thérèse Damour, veuve de Jacques-Gabriel Burtin père, et Marguerite-Célestine Burtin, épouse du sieur Legrand, héritier de Jacques Gabriel Burtin, leur père, et à ce titre ayant droit à la succession de Nicolas-Gabriel Burtin fils ; à Jean-Charles-François-Ambroise Mascret, commissionnaire de roulage, demeurant à Paris, rue Geoffroy-Lasnier, n° 32, moyennant 68,050 francs.

1844, 21 août. Jugement d'expropriation qui retranche une partie de la propriété pour l'ouverture de la cinquième partie de la rue Rambuteau, et accorde au sieur Mascret une indemnité de 65,000 fr. La ville avait offert 46,000 francs, et Me Marie, avocat de M. Mascret, en demandait 90,000. Un principal locataire, nommé Dufaud, obtint une indemnité de 30,000 francs. Les vendeurs de la marée, établis dans la maison, se contentèrent de 12 fr. 50, pour le principe.

www.ingramcontent.com/pod-product-compliance
Lightning Source LLC
Chambersburg PA
CBHW030055230526
45471CB00003B/1109